左手执行 右手结果

高效能人士执行落地的5法则

刘峰松◎著

中国财政经济出版社

图书在版编目（CIP）数据

左手执行，右手结果：高效能人士执行落地的5法则 / 刘峰松著.
—北京：中国财政经济出版社，2013.9
（企业成长力书架）
ISBN 978-7-5095-4809-7

Ⅰ.①左… Ⅱ.①刘… Ⅲ.①企业管理 Ⅳ.①F270

中国版本图书馆CIP数据核字（2013）第216768号

责任编辑：杨　云　　责任印制：刘春年
责任校对：徐艳丽　　装帧设计：盛世纳唐

中国财政经济出版社出版
URL：http：//www.cfeph.cn
E-mail：cfeph@cfeph.cn

社址：北京市海淀区阜成路甲28号　邮政编码：100142
营销中心电话：010-88190406　北京财经书店电话：010-64033436
北京富生印刷厂印刷　各地新华书店经销
787×1092毫米　16开　15印张　170 000字
2013年10月第1版　2013年10月北京第1次印刷
定价：35.00元
ISBN 978-7-5095-4809-7 / F·3891
（图书出现印装问题，本社负责调换）
本社质量投诉电话：010-88190744
反盗版举报热线：88190492　88190446

QIYE CHENGZHANGLI SHUJIA

企业成长力书架

编委会

主办单位　北京联大文化发展有限公司　　www.ldwhbook.cn

目　录

第二章

出售结果：有结果的执行才有意义

第三章

法则1：点燃内心的执行欲望

第四章

法则 2：配置执行资源，保证行动有效

第五章

法则3：监督不懈，抓执行也抓结果

第六章

法则4：杜绝一切与结果无关的执行借口

第七章

法则5：力求完美，执行结果不白费

前　言

没有执行，没有结果，没有意义

战略，执行，哪一个更重要？

“战略只是一张白纸而已。倘若没有高效的执行，再好的战略也是没有用的。”管理之父杰克·韦尔奇在上海国际会议中心举办的中国企业领袖峰会上如是说。

纵观海内外市场中浮浮沉沉的企业，为何有些企业战略相似，结果却相反？

为何有些企业家明明有聪明的头脑最终还是以失败告终？

为何有伟大理想的企业很多最终成功的却寥寥无几？

为何咖啡市场拥挤不堪，唯独星巴克咖啡一枝独秀？

为何大规模的超市很多，唯有沃尔玛、家乐福独占鳌头？

同样搞 PC，为何戴尔能称霸市场？

一千个失败的企业就有一千个失败的原因。成功的企业也有各自的成功要素，但有一点成功的企业是相同的，那就是高效的执行能力。

通过对这些成功企业的分析，不难发现：那些能够持续赢利、长久伫立在市场之巅的企业，都是凭借高效的执行力立于不败之地的。

所以说，个人和企业的发展都离不开执行。

而与执行同等重要的便是结果。

个人富有超强的执行力，才能有结果出成绩，从而得到企业领导的赏识。企业拥有超强的执行力，才能够在市场竞争中打败对手，占领市场份额，实现自身的成长。因此，无论于公还是于私，无论你是管理者，还是普通员工，都应该想办法提升自己的执行能力，获得满意的结果。

没有执行，没有结果，也就没有意义。

而能够高效运行的企业往往是左手在执行，右手出结果。

然而，执行不是简单的行动，更不是理论上的战术，而是连接计划与结果的重要环节，是一整套发现问题、分析问题，并最终彻底解决问题的系统流程。

任何一个企业要想获得发展、取得结果，除了需要战略规划之外，更需要执行落地。很多企业之所以会在市场竞争中输给对手，不是因为缺乏完善的战略计划，而是由于缺少切实有效的执行。因此，企业的综合执行力，亦是企业最重要的竞争力。

国外一家权威的管理机构曾经对世界500强企业的总裁们进行过调查，结果表明，那些总裁和他们的企业之所以能够取得如此伟大的成功，原因就在于无论是他们个人还是企业，都崇尚实际行动，并且执行了就要出结果。

成功的结果依靠的不是偷奸耍滑的小伎俩，也不是浑水摸鱼的投机取巧，而是实实在在的执行。

在现代企业管理中，大到国企、跨国集团，小到私人企业、个体工商户，都应该意识到“执行”与“结果”的重要性。许多企业正迫切希望能够找到更好的方法来提升员工与企业的执行能力。

本书正是通过阐述“执行”与“结果”之间的关系，诠释提高执行力的方法和技巧。

全书通过七个篇章，从人的行动力这一本能抽丝剥茧、层层分析：为什么有的员工不能高效执行？为什么有的员工执行了任务却没有结果？为什么执行的过程中总是频频出错？为什么获得结果总是那么难？与此同时，作者提出了5个高效执行、获得结果的法则，帮助企业管理者和员工扫除执行障碍，执行从此不再打折扣。

作者除了介绍执行的含义之外，更重要的是揭示了该如何提高员工与企业的执行力。从观念到方法，从如何对人才进行选拔到实现“人尽其用”的目的，从制订何种考核与奖励制度到对它们的实际应用，本书都做了详细的讲解。掌握了这些提高执行力的方法，就能够有效提升员工与企业的整体执行力，从而使企业获得发展、个人取得成就。

现在开始，行动起来！左手执行，右手结果，相信在不远的将来，你便可以采撷到胜利的果实！

第一章

执行源自行动力本能：

想／不想做 VS 要／不要做

一、人为什么会有行动力？

◎什么是行动力？人为什么会有行动力？

一个人只有将想法付诸实践，才能获得成功；一个企业只有将战略计划付诸行动，才能得以发展。这种将想法和计划付诸行动的过程，就是一个执行的过程，而这个过程是需要人们的行动力为支撑的。因此，我们在这里所说的“行动力”，对于个人来说，就是不断突破自我、超越自我，通过努力，最终实现自己的人生目标的一种推动力；对于企业来说，就是整个组织团队的执行力。

既然行动力对个人和企业如此重要，那么行动力到底来自何方？我们该如何培养自己的行动力呢？

1. 理想促使行动力的产生

理想，是一个人对自己未来的规划、对未来的企盼，有理想做支撑，我们才会克服所有困难，勇往直前。这种理想，就是行动力的根源，而这种克服困难的过程，就是我们的行动力。企业要想获得发展，与其企业理想是紧密相连的，只有为企业制订宏大的战略发展目标，并制订出相应的行动计划，才能充分调动起员工的工作积极性，使他们充满行动力。

比如，联想公司将自己企业的发展理想定位于“做一个值得信赖并受人尊重的国际化企业，成为一个伟大的公司”；微软公司将自己的企业理想定位于“让每一个人都拥有一台电脑”；迪士尼公司的企业理想是“把快乐带给世界上所有的人”；福特公司的企业理想是“让汽车走进每一个人的家庭”……

从这些大型企业的成功中我们不难看出，他们的成功绝对不是偶然的，而是有基础、有背景的，这种基础和背景就是他们的企业理想。正是在这些宏伟的企业理想的引导下，企业的管理者才能够充分调动起员工的工作积极性和行动力，使他们群策群力，为企业的发展贡献最大的力量。而这正是企业员工行动力的来源。

2. 提升行动力，就要做好迎接挑战的充分准备

俗话说，“兵马未动，粮草先行”，目的就是做足准备，以迎接接下来的挑战。对于任何一项行动来说，充分的准备都是必不可少的。要想射出有力的箭，就必须先拉满弓；要想打出有力的拳头，就必须先积攒力量。

汽车大王亨利·福特曾说过：“成功的首要秘诀就是做好准备。”机遇只会垂青于那些有准备的人，对于企业来说，行动力的基础就是充分的准备，只有准备好了，才能抓住市场为我们提供的机遇。

3. 提升行动力，就要持续专注于你所面对的问题

人是不能一心两用的，只有专注于一件事情上，才能将其做得完美。持续专注，就是要将思想和行动放到主要目标上，以提升主要的行动力。

伟大的德国作家歌德曾说："人不能同时骑两匹马，骑上一匹，就要舍弃另一匹。所以，有智慧的人在做事情时，一定不会一心二用，因为他们明白，只有专心致志，才能做好它。"谷歌在中国地区的总裁李开复先生说："在担任 CEO 期间，我所学到的最大的教训就是，如果一个人将他大部分的精力放到学习、理解那些自己不熟悉的业务上时，反而会荒废自己的主业。因此，企业要想发展，就不能太贪心、不能总想着扩张业务，而应该做好公司的主业，发展公司最宝贵的东西。"

因此，企业的管理者应该引导员工们去做他们应该做的工作，并将全部精力放到这件事情上，持之以恒，再难的事情也能做成功。

4. 提升行动力，就要时刻注意问题的细节

"细节决定成败"，这句话虽然老套，但绝对是一个真理。由于现代人们接受的教育、知识等方面的差距已经随着科技的进步而越来越小，因此，人与人、企业与企业之间的竞争，越来越趋于"细节化"，毫不夸张地说，谁把握住了事情的细节，谁就能够获得成功。

成长青在一次出差时，遇到了一位曾有业务往来的广东信托投资公司的总经理。饭桌上，那位总经理请成长青尽快贷出一笔将要签约的 2000 万元资金。对于这位老总的请求，细心的成长青心中产生了疑惑：因为这种贷款谈判总是会出现讨价还价的情况，有时双方甚至会争得面红耳赤，像这种不砍价的情况，他还是首次遇到；另外，以前和这位老总谈话时，对方总是一副盛气凌人的模样，怎么今天说话这么缺乏底气？出于对这两个细节的把握，成长青认为，这个企业一定是遇到了财务危机，因此，他不但没有马上

贷给这家企业资金，反而还将这个项目搁置下来，想先观察一下情况。

果然，没到半年，那家信托投资公司就出现了问题，企业被监管，并正式宣布了破产，给那些为其提供资金的银行造成了非常大的损失，只有两家银行得以幸免，成长青所在的那家银行就是其中之一。

由于对细节的准确把握，成长青为企业避免了一项重大的资金损失。由此我们可以看出，细节对于企业的发展有多么重要的作用。尤其在现代社会中，随着科学技术的发展，产品技术之间的差异将会越来越小，这时，细节就成了企业竞争的关键。因此，无论是对自己，还是对企业员工，企业管理者都要强调细节的重要性。

5. 提升行动力，就应该坚持到底

《战国策》中说："行百里者半九十。"也就是说，越接近成功，越困难。黎明前的一刻，往往是最黑暗的时候；成功前的一刻，也往往是最考验人们毅力与耐心的时候，很多人都在这里倒下了。因此，对于行动力的提升，我们一定要坚持到底。《荀子·劝学》中有言："骐骥一跃，不能十步；驽马十驾，功在不舍。锲而舍之，朽木不折；锲而不舍，金石可镂。"只有坚定不移地向自己所定的目标推进，才能获得最终的胜利，一旦中途有所懈怠，就会半途而废。所以，企业管理者应该时刻向员工们灌输这样的思想：坚持就是胜利。

个人与企业的成功，取决于行动力的强弱，因此，我们只有管理好自己的行动力，并提升行动力，才能实现个人与企业的成长，才能在市场竞争中立于不败之地。

◎行动力本能：我想 / 不想，我要 / 不要

为什么很多人都在努力，但是最终成功的却只有极少一部分？原因在于，那些失败者没有坚持自己心中的理想，没有明确他们真正想要的是什么，这也就导致他们的行动力不足，难以达到成功的目标。因此，当他们遇到困难的时候，就无法继续坚持走下去，这样自然会失败。成功者之所以能够成功，就是因为他们立志要成为一个成功的人，并将这种欲望和觉悟转化为行动力，坚持不懈地向着目标前进，再前进。

对于《西游记》这部中国名著，相信很多人都看过，即使没有看过原著，也都看过电视剧。在《西游记》中，有四个形象鲜明的人物，分别是唐僧、孙悟空、猪八戒和沙和尚，他们“四人组”历经磨难，踏遍千山万水，斩妖除魔，最终取得真经。

那么，在这四个人里面，谁才是最勇敢的人？

有人说是孙悟空，因为他疾恶如仇，从来不向恶势力低头，即使面对天兵天将、各种妖魔鬼怪，也从来没有退缩过；有人说是沙和尚，因为他一直默默无闻地奉献着，拿行李、化缘这样的重活、累活都是他在干，而且在孙悟空和猪八戒打“退堂鼓”的时候，他始终坚持跟在师傅左右，从来没有产生过离去的想法，而且还帮着降妖伏魔；也有人说是猪八戒，因为一个像他那样好吃懒做的人都可以历尽磨难，最终修得正果，那肯定属于一个勇敢的人了。

几乎所有的人在回答这个问题的时候，都是想着谁最厉害、谁出力最多，但是他们却忽略了一个最重要的人物，那就是唐僧。也许唐僧没有三

个徒弟那么大的本领，也许他总是骑着白马，也不干什么出力的活，但是，我还是要说，这“四人组”里面，最勇敢的人非唐僧莫属！唐僧当选的原因很简单，因为他从来没有放弃过自己心中的信念，并且始终朝着心中的目标不断前进。在没有三个徒弟保护的时候是这样，在面对被妖怪吃掉的危险的时候是这样，在面对美色、金钱、名誉的诱惑时依然是这样。正是由于他内心中存在这种锲而不舍的精神，所以才能够带领三个徒弟冲破险阻，修得正果。因此，唐僧才是最勇敢的人。

从唐僧取经的过程中我们能够看出，企业管理者要想提升自身和企业员工的行动力，就不仅要制订明确的企业目标，还要激发他们想要成功的欲望。

1. 坚持明确的企业目标必不可少

有目标才会有动力，只有明确了目标，并向着目标不断努力，才能获得成功。因此，企业目标是企业发展的基础，而坚持这一目标，则是企业员工行动力的基础。

在1934年10月到1936年10月这两年的时间里，中央红军从长江以南各根据地出发，跨过湘江、四渡赤水，翻雪山、过草地，历经了无数次激烈的战斗，与天斗、与人斗，最终胜利会师于陕甘革命根据地。这就是中国近代史上最伟大的一次战略转移——长征。

整个长征过程历时两年，行程大约两万五千里，克服了很多人为的困难和大自然的险阻，为革命保存了珍贵的火种。对于长征，有人说是一个奇迹，有人说是一篇史诗巨著，也有人说是人类精神的丰碑……无论是何种评价，都不能否认的是，它的伟大和卓越是不容置疑的。

他们也都是平凡的、普普通通的人，是什么原因让他们坚持到了最后？也许，我们能够从下面这句话中找到答案：一位曾经参加过长征的老红军回忆说："我们翻越的雪山越来越高、越来越困难，也许我们会倒下去，永远留在这里，但是我们却坚信，只要继续前进，革命就一定能够取得成功。"

红军战士的行动力是毋庸置疑的，而他们之所以能够有这样的行动力，正是因为对明确目标的坚持。

2. 激发员工的成功欲望，让他们立志成为一个成功的人

想成功的人才能获得成功，这是亘古不变的真理。因此，企业管理者要想激发出员工行动力的本能，就要想办法让他们变成一个想要成功的人，当他们为自己制订了目标之后，他们也将会提升自身的行动力，向着这个目标不断进发。

美国著名的推销员乔·吉拉德，是被所有人认可的世界上最伟大的推销员，他的世界吉尼斯汽车销售纪录"连续 12 年平均每天销售 6 辆车"，至今无人能破。

对于这样的销售大师，肯定有很多人都觉得，他必定是一个推销的天才，从小就有极好的口才，而且还受过良好的教育。可惜，这样的猜测全错。乔·吉拉德不仅出生于一个贫穷的家庭，从 9 岁开始，为了生计，他就开始做擦鞋童、报童，而且，他还有口吃！虽然从小就受到父亲和邻居的歧视，但是在母亲的关爱下，他始终认为自己是一个有价值的人，并始终在为自己的成功而努力。

口吃、没有高学历、经历过破产、背负过巨债……但是这些从来都没能阻碍他迈向成功的步伐。为了做销售，历尽挫折改掉了自己的口吃；诚信经营，恪守公平原则，赢得了顾客的尊重；推陈出新，不断超越自我，实现自身的突破……就是在这种渴望成功的欲望促使下，乔·吉拉德最终实现了自己的梦想。

有缺点和困难不可怕，可怕的是止步于自己的缺点和困难而不敢前进。因此，要立志成为一个成功的人，并向着这个目标不断迈进。

3.“我想……”是目标，“我要……”是行动

行动力的本能来自于“我想……”、“我要……”。前者是目标，后者是行动的动力。

拥有“篮球之神”称号的迈克尔·乔丹，将“我可以接受失败，但绝对无法接受放弃”这句话当做自己的座右铭，并不断通过努力来创造属于他自己的奇迹。因为他明白，“失败”起码代表他已经努力过了，但是“放弃”却不能代表任何事情。而且，即使失败了，也能够从失败的过程中总结经验，继续向成功迈进。而放弃，只会让你一无所有。

只要我们坚决要，成功就一定会到来；只要企业管理者引导员工们坚持“我想……”、“我要……”，就一定能够激发他们行动力的本能，提升他们的行动力。

二、行动力在企业的化身：高效执行

◎果断行动，才能高效工作

在信息变化如此之快的现代社会，市场为企业带来竞争的同时，也提供了大量的机遇。但是，这些机遇却不是所有人都能够抓住的。抓住了这些机遇，就能实现企业的发展；如果让这些机遇从眼前溜走，只会便宜了别人。

同样，在企业的管理中和日常工作中，如果不能采取果断的行动，那么我们的行动力和执行力将会大打折扣，缺乏这些执行力，就谈不上高效率的工作。因此，要想实现高效率工作，就必须在机会来临时果断出击。

甲、乙、丙三个人在路上散步时，同时发现地上有一枚金币。甲以为自己看错了，仔细观察起来，想确认一下是不是自己眼花了。乙则兴奋地大声喊道："看，一枚金币。"只有丙在发现金币的同时，第一时间就冲上去，将金币抢到了手中。当然，最后金币也就归丙所有了。

从这个例子中我们能够看到，无论是对于个人，还是企业，在遇到问题和机遇时，只有果断行动，主动出击，才是最重要的。那么，对于市场为我们提供的这些机会，以及我们在工作中遇到的问题，作为企业管理者该如何做，才能解决问题、把握机会？

1. 充分准备，是抓住机遇、解决问题的“利器”

市场虽然可以为我们提供大量的机遇，但是这些机遇却只垂青于那些有准备的、能够表现自己的人。虽然我们有时要等待机遇，但是在等待的过程中，我们应该积极备战，时刻准备着，而不是被动地等待，这样才能在机遇来临的时候，将它们牢牢抓在手中。

同样，我们在工作中虽然会遇到各种各样的问题，但是如果我们拥有处理问题的能力和准备，就能够将其轻松解决。如果我们手中有一把锋利的斧头，就不会害怕前进道路上的荆棘；如果我们手中有一把坚实的锤子，就不会害怕砸钉子的任务。这就是所谓的“工欲善其事，必先利其器”。

谢尔盖·布林是全球最大的搜索引擎谷歌的创始人之一，他从小就展现出了惊人的数学与计算机科学方面的才能，在小学一年级时，他就曾向老师提交过一项关于计算机打印输出的设计，这对于在计算机刚刚进入美国普通家庭的时代来说，是一个非常了不起的想法。尽管布林有如此惊人的天赋，但是他并没有像《伤仲永》那篇文章中的仲永一样停步不前，而是更加努力学习，发挥自己在这方面的特长。17岁时，由于成绩突出，他获得斯坦福大学的奖学金，并在那里开始自己的大学生涯。

进入大学后不久，对计算机有着浓厚兴趣的谢尔盖·布林，开始关注搜索引擎方面的知识，并发表了一些关于这方面的论文，还写过一些小程序。在以后学习的日子里，布林认识了自己未来的合伙人——拉里·佩奇，两人共同学习、共同努力，为以后的创业打下了坚实的基础。

当互联网开始逐渐兴起时，布林和佩奇两人瞄准了市场的需求，并结合他们的专业和学识，创办了一家企业，这个企业为顾客提供的服务就是搜索引擎，这就是早期的谷歌公司。之后，随着人们对互联网的使用越来越频繁，专门提供搜索的谷歌公司也如鱼得水，发展得越来越顺利。

从谷歌公司的创建和发展中，我们能够看到，要想抓住机遇，高效工作，就必须做足充分的准备。事实上，很多人都看到了互联网的市场，但是他们却没有成功，原因就在于他们缺乏这方面的技术，或者是还没有做好充足的准备。因此，对于发展中遇到的问题，他们就无法顺利解决，这也是他们无法成功的原因。结果，“全球最大的搜索引擎”这一桂冠被谷歌摘走，而谢尔盖・布林和拉里・佩奇成为它的共同拥有者。

2. 相信自己，果断出击

要想提高工作效率、提升企业执行力、提升抓住机会的几率，除了要有充分的准备之外，还要相信自己的判断，果断出击。如果对自己缺乏信心，在机遇面前踌躇不前，不敢果断出手，这样断然无法把握机会，只会让以前的准备付诸东流；如果在遇到的问题面前对自己的判断缺乏信心，不敢果断出手解决，只会让问题越来越大、越积越多，以至于最后无法解决。

小李是某设备公司的质量检验员，他为人谨慎，处处小心翼翼，但是却缺乏主见。

有一次，在对一批新设备进行检验时，根据自己所学的专业知识，他发现这些设备存在电路设计方面的缺陷，这种缺陷虽然不会马上显现出来，却会大大降低设备的使用寿命。但是缺乏主见的小李却不敢相信自己的判断，而且这批设备已经被一些老工人检验过了，他们都没有发现这个问题，所以小李就认为是自己多想了，也没有将这件事上报给部门主管。

结果，本来这些新设备能够使用一年的时间，却在不到两个月的时间里，收到了很多客户的返厂维修请求。不得已之下，该企业负责人只好将这批设备全部召回，并在企业内部发布了“悬赏令”：谁能解决这个问题，就奖励他5万元，并给他升职。对于这样的“悬赏”，很多老工人都提出了自己的想法，但是却没有解决实质的问题。小李也曾想过要说出自己的想法，但最后还是没有提出，他始终在怀疑自己的判断。

无奈之下，企业负责人只好花费巨资从外部请了专家来讨论问题的所在。在专家的指导下，问题很快被发现了，正是小李当初发现的那个问题！小李知道后，懊悔不已。

只是由于对自己的学识和判断缺乏自信，不仅为企业带来了巨大的损失，而且还阻碍了自己的发展。可见，自信心对于果断行动、解决问题、提升工作效率有非常大的作用。自信心不仅是对自己所学知识的一种肯定，更是对自己的一种肯定。

机遇不是来家里做客的“客人”，不会在敲门后等在门口，让你有时间去请它们进门。它们多数时候都是飘忽不定、神龙见首不见尾，因此，一旦发现它们时，就要果断出击，牢牢抓住他们，不能让它们溜走。

而且，如果在工作中思前想后，不立即着手去做、果断行动，只会造成工作的拖延，给自己和企业带来更大的负担，这对工作效率的提升，是一个很大的障碍。

◎个人行动力指数自测

行动力影响个人和企业的发展，那么，该如何判断自己是否有行动力？行动力指数有多高？对于这些问题，我们首先要了解“行动力”与“行动力指数”的概念。

行动力，是指能够通过不断的学习与思考，养成一种良好的习惯和动机，并最终实现自我突破、达到既定目标的一种能力，但是这种能力是看不见、摸不着的，我们不能从一个人的外表来判断他是否拥有强大的行动力。而行动力指数，则是将行动力具体化、数值化，将个人的行动力量化，让人们可以通过对其数值的高低，来判断他有没有行动力。

具有行动力、并且行动力指数高的人，拥有很高的主动性，他们会主动去解决遇到的问题，并且具有一定的冒险精神，敢于不断尝试、不断创新，而且他们相信自己、不怕困难和挫折，能够在“做”的过程中总结经验、实现自身的突破。反之，那些缺乏行动力，或者是行动力指数很低的人，则有“畏难情绪”，他们害怕在工作中遇到问题，而且在遇到问题时，不相信自己的判断，也不能果断出击，迅速将其解决。

因此，通过对行动力指数的划分，我们可以将自己“对号入座”到下面的几个行动力等级中，以此来检测自己的行动力指数有多高。

1.“菜鸟”级别

行动力处于这一级别的人，缺乏工作理想，对自己的未来没有明确的规划，最多只有一点想法。他们缺乏奋斗目标，或者是奋斗目标极不坚定，对自己缺乏信心，很容易受到身边工作人员不良风气和惰性的影响。而且，他们从来不会主动工作，只有在被不断鞭策下，才会去工作，当在工作中遇到困难和挫折时，还会很容易放弃。另外，他们基本无任何冒险精神可言，只会抱残守缺，不思进取。

如果将行动力指数的满分定为 100 分的话，那么处于“菜鸟”级别的员工，他们的行动力指数则会低于30分。

2.“入门”级别

行动力处于这一级别的人，有一定的工作理想，而且对如何达到这一理想也做过相应的规划，并尝试着按照既定的计划去实现自己的理想。他们有一定的奋斗目标，对自己有一定的信心，而且敢于主动“请战”，愿意通过一些挑战来实现自身的突破，敢于打破陈规，利用一些新的方法去解决遇到的问题。而且，他们可以承担起与自己相关的工作和职责，并且，在遇到困难和挫折时，能够通过努力并寻找方法将其克服。

处于“入门”级别的员工，他们的行动力指数介于30分到60分之间，会根据个人的想法而有所不同。

3.“高手”级别

行动力处于这一级别的人，勇于打破所有的固有模式，并且敢于利用新的方法和思路对遇到的问题和原有的工作进行解决和创新。他们对自己的奋斗目标很明确，而且制订了清晰的行动计划，并时刻按照这些计划在做自己该做的事情。他们不怕失败和打击，能够在那些挫折中重新站起来，而且有时候，他们更愿意接受一些高难度的挑战，以此来提升自身的实力。另外，处于这一阶段的员工，懂得利用合适的工具，去解决遇到的问题，而且对于工作中遇到的压力，他们总能够积极地面对，并采用适当的方法予以化解。

处于“高手”级别的员工，他们的行动力指数介于60分到90分之间，分数越高的人，对自身行动能力的掌控更强。

4．“宗师”级别

行动力处于这一级别的人，可以说，对自己行动力的掌控已经达到了一种完美的程度。他们具有强烈的冒险精神，非常愿意采用全新的方法去解决遇到的所有问题，并且举一反三，从问题中得到更多的经验和启发，而且他们还愿意通过大量实验，为企业创造出一种全新的结构，以应对市场的变化。在面对困难与挫折时，他们毫不畏惧，迎难而上，坚定不移地走自己的路，按照原定的目标和计划行事。而且，他们在制订目标和计划之前，会经过长时间的考虑和筹划，一旦这些目标和计划确定下来，就不会轻易做出改变。

处于“宗师”级别的员工，他们的行动力指数都在 90 分以上，可以说，他们是企业的核心员工、是企业的“顶梁柱”，缺少了他们，企业也将有名无实。

从上面行动力等级的划分中我们能够看到，看一个人行动力等级的高低，也就是看他们行动力指数的高低，有以下几个标准：

首先是目标的制订。行动力越强的人，他们的目标越清晰、方向感越强。

其次是计划的制订。行动力强的人，他们的计划是清晰的，而且能够分解为一些小的步骤，通过实现这些小的目标，来实现最终的目标。

再次是对学习能力的提升。行动力强的人，更容易接受新的知识，并且也愿意接受新知识，而且能够通过学习，将这些新知识运用到工作中去。

然后是任务的执行情况。行动力强的人，在接到任务的时候，会马上执行任务，而不会拖拉，而且在执行过程中遇到问题时，他们会想尽一切办法予以解决，并最终实现任务目标。

最后是总结分析能力。任务完成后，或者是计划执行后，都要有一个总结，从过程和结果中总结一些成功和失败的经验。行动力强的人，在这方面拥有强大的能力，他们善于总结各种经验，并将其运用于新的工作中。

根据上面提到的五个标准，我们能够通过行动力指数将每个人的行动力进行具体量化，以此更加直观地了解他们的行动能力和工作能力。因此，相信通过对行动力等级的划分和对行动力指数检测标准的了解，每个人都能够了解到自己的行动力指数到底有多少。

行动力指数高的人值得祝贺，但是要坚持下去；行动力低的人也不用心灰意冷，可以通过适当的方法来提升自己的行动力，以此来提升自己的工作能力。

◎个人行动力与员工执行力

美国 ABB 公司的董事长巴尼维克曾说过这样一句话："一位成功的管理者，5% 依靠战略计划，95% 依靠执行。"从这句话中我们可以看出，企业管理者能否带领企业实现成长，关键要看这个企业组织机构的执行力。这种执行力不仅是指员工的执行力，更包括企业管理者本身的执行力。毫不夸张地说，执行力，决定了企业的成败，也决定了企业管理者、企业员工未来的发展命运。

某家国有企业由于经营不善而最终破产，随后，这家国有企业被另外一家大型企业收购。在这家大型企业收购破产的国有企业时，人们都认为这是一个失败的策略，因为当时那家国有企业亏空严重，对这家企业的发展没有任何意义和帮助。也有人觉得这家大型企业可能会有新的生产设备和技术，能够让其扭亏为盈。但出人意料的是，这家大型企业没有更换设备，只是任用了一些新的管理层人员。半年后，这家破产的国有企业竟然起死回生，扭亏为盈。

事后，很多人对此不解，纷纷询问缘由。在一次采访中，那家大型企业的董事长说出了其中的秘密："制度本身并没有任何问题，只是在执行中出现了问题。因此，我还是继续施行原来的制度和方针、政策，只是要求员工们坚定不移地执行好而已。"

从这个例子中我们能够看出，只有执行，才能让企业欣欣向荣、焕然一新，才能彻底改变企业的命运。

诚然，执行力对于企业来说是至关重要的，但是，如果那家大型企业的董事长本身缺乏行动力，那么他也不可能带领企业员工使那家国有企业起死回生。所以，企业管理者的行动力强弱，决定了企业员工的执行力强弱。

1. 上行下效，行动力强的领导带出执行力强的团队

如果一个企业的管理者拥有超强的行动力，那么他的目标感将会非常强，而且会坚定不移地向着自己的目标努力奋斗，即使在执行过程中遇到了困难，他也会想办法予以克服。在这种具有极强行动力的领导的带领下，企业员工也会受其感染，上行下效，充分发挥出自己的执行力。反之，那些行动力较弱的管理者，连自己的行动都管理不好，本身就缺乏执行力，就更别提带出的员工了。"近墨者黑"，在这样的影响下，企业组织团队的执行力自然也不会有多高。因此，企业管理者本身行动力的强弱，决定了企业员工执行力的强弱。

李如成是雅戈尔集团公司的董事长，是一个行动力超强的人。从 20

世纪80年代初建厂到90年代，雅戈尔的发展已经初具规模，但是还谈不上“大”，更谈不上与国际接轨。为了实现企业的发展，李如成制订了三个“五年计划”，即从1996年到2011年这十五年的时间里，将雅戈尔逐步打造成一个国际品牌。在李如成的带领下，企业所有员工群策群力，最终于2011年初超额完成预定的计划。

雅戈尔发展到如此规模，似乎已经达到了某一种高度，但是李如成并没有就此放弃，而是进一步想办法提升企业的实力。为了实现企业发展，李如成甚至敢于挑战市场中盛行的企业制度，并对企业结构进行重组。不得不说，敢于吃这个“螃蟹”的李如成，确实是一个敢于冒险、敢于创新的人。另外，当别的企业总裁在不断裁员、精简机构时，李如成却在不断为自己的企业“增肥”，他将面料的生产、服装的制作、产品的销售等各个环节都掌控在手中，形成一条庞大的产业链。这一系列的措施，都使雅戈尔集团获得了更大、更广阔的发展空间。

如果没有李如成的带领，就不会有雅戈尔的今天；如果没有李如成超强行动力的影响，就不会造就雅戈尔企业员工的执行力。所以，企业管理者自身的行动力对企业员工的执行力有非常大的影响。

2. 5%的策略，95%的执行

企业发展固然离不开发展战略，但是如果只有战略，而没有执行力做保障，那么这种战略就是一纸空文，毫无作用。

王林是一位“智慧型”领导，对于企业未来的发展，他有很多好的想法，并将其制订成未来的发展策略。但是让他想不到的是，当他的这些发展策略下发到企业基层中去之后，并没有收到好的效果。

为什么会发生这样的事情？原因很简单，王林虽然有好的想法，并将其制订成相应的发展计划，但他却没有真正研究这些计划是否能够实施，以至于当这些计划被发布到企业基层中去之后，基层的员工们发现这些计划并不完全符合企业的发展现状。而且，王林制订的这些计划中，有很多细节只有他明白该怎么做，但是他偏偏是一个缺乏执行力的人，说得难听点儿，王林其实是一个只会“纸上谈兵”的人。因此，尽管王林的想法很好，但是依旧无法带领企业走上腾飞的道路。

从这个例子中我们能够看到，企业管理者的行动力不仅影响着企业员工的执行力，还直接决定了企业发展战略能否在企业中顺利施行。因此，为了企业的正常发展，企业管理者十分有必要提升自己的行动力。

俗话说：“龙生龙，凤生凤，老鼠儿子会打洞。”企业管理者是企业的领头羊，他的一举一动影响着整个企业员工的动态。一个有强大行动力的领导者，带出来的部下也必定有超强的执行力。

三、商界奇才眼中的执行力

◎杰克·韦尔奇：消灭官僚文化从执行开始

纽约证券交易所在开盘之初，为了稳定股市，曾选取了十几家当时在美国甚至是世界上最大的公司作为道琼斯指数股。谁曾想，在一百多年后的今天，当时的很多大公司都已经破产倒闭，不复存在。但是，还有一家企业依旧是道琼斯指数股，它就是美国通用电气公司。

对于为什么美国通用电气公司能够缔造百年企业、实现基业长青这个问题，很多人都非常好奇，都想知道秘诀所在。对于这个问题，原美国通用电气公司的CEO杰克·韦尔奇先生曾说过这样的话：“GE能够存在如此之久，原因有很多，但是在我看来，这些原因中最重要的就是‘执行力’，正是由于企业员工卓越的执行力，才造就了GE的今天。”在杰克·韦尔奇看来，执行力在企业的发展过程中，扮演了举足轻重的角色。

1. 杰克·韦尔奇眼中的执行力——消灭企业官僚文化的“利器”

对企业来说，“官僚文化”就像是一颗毒瘤，对企业的发展有很大的危害，却又不容易被消除。对于杰克·韦尔奇而言，要想消灭这颗毒瘤，就必须依靠执行力的力量。

杰克·韦尔奇最初只是美国通用电气公司最基层的一个设备研发车间的初级工程师，通过几十年的艰苦奋斗，再加上他自身强劲的执行力，最终登上了通用电气公司总裁的权力宝座。在那艰苦的奋斗过程中，杰克·韦尔奇经历了很多旧的企业官僚体制的折磨，在那些磨砺中，他深知企业管理的阴暗处在哪里，也明白为什么很多员工对于上级的命令只是在敷衍，更了解变革旧体制对于企业发展的重要性。

因此，在登上管理层的顶峰之后，杰克·韦尔奇就以强硬的作风和追求卓越的理念，立志要打破通用电气公司的官僚主义。他从加强企业员工的执行开始，实施了一系列措施，包括重新构筑企业的核心、技术和服务三大战略，推动GE业务重组，深化企业改革等。自从他上任之后，公司一改往日的风气，形成了一种与旧的官僚体制格格不入的“杰克式”执行企业文化，公司上下充满了工作的激情。这种企业文化的建立，帮助他最终完成了美国通用电气公司的整改。

正是由于经受过企业官僚体制文化的“毒害”，并深知执行文化对企业的重要性，杰克·韦尔奇才能够切实做到“刀斧所到之处，必斩而后快，且绝不手软”。也正是由于他的这种作风，为他赢得了胜利和荣誉。

2. 执行就是一切

《美国商业周刊》曾经开设专栏介绍美国通用电气公司的 CEO 杰克·韦尔奇先生，文中有一句话是引用密歇根大学管理学院一位教授的原话：“20 世纪出现了两位伟大的企业领导人，一个是通用汽车公司的斯隆，另一个则是通用电气公司的杰克·韦尔奇。如果真要将这两个人做比较的话，我认为杰克·韦尔奇会略胜一筹。因为他为 21 世纪的企业经理人树立了一个高效执行的榜样。”

这里有两个小故事很能说明杰克·韦尔奇对执行的重视程度。

杰克·韦尔奇非常重视工作的结果和底线，当年他刚刚上任，就发布了一系列严厉的命令，其中有一条是“无论哪个实业单位，凡是不能在市场经营中维持前两名的，都会面临被裁撤或是被卖的命运”。这一命令一发布，就引来了很多企业员工的不满和抱怨，他们觉得韦尔奇的要求实在太严了。但是，无论员工们如何抱怨，韦尔奇都没有做出任何妥协，而是将这一命令贯彻到底。无论各部门在生产和销售上创造了多少新纪录，韦尔奇都不会满意，他就像是一台榨汁机，要将员工们身上所有的执行力压榨出来。事实上，这一命令也确实起到了很大的作用，它就像是为企业打入了一针“强心剂”，极大地刺激了员工们的工作激情，提升了他们的执行力。

曾经有一位通用电气公司的部门主管在杰克·韦尔奇面前主持一次简报，由于太紧张，两腿都发抖了。韦尔奇感觉很奇怪，就问他怎么回事。这位主管毫不避讳地对韦尔奇说：“我太太对我说，如果在您面前做的这次简报搞砸了，我就不用回去了。”事后，韦尔奇专门让人送了一束红玫瑰和一瓶高级红酒给那位主管的太太，并写了一张便条：“感谢您对我们工作的支持，您先生的简报非常成功，很抱歉让他在这几个星期忙得一塌糊涂。”

从这两个故事中我们能够看出，在杰克·韦尔奇看来，执行是一个企业发展最重要的因素，他不仅要求员工要加强执行，本身也很重视企业的执行文化，并以身作则，带领员工将“执行”进行到底。这就是杰克·韦尔奇对于企业执行的理解，这就是他对于执行的重视程度。

◎张瑞敏：执行就是把复杂的事简单化

1984年创建于我国山东省青岛市的海尔集团，在短短30年的时间里，已经由一个小企业发展成为国际性的大企业，海尔品牌也已经成为全球大型家电第一品牌。海尔有上万种规格的产品，年营业额高达70多亿元人民币。

事实上，海尔的成长并不是人们想象中的那样一帆风顺，它也曾几度面临倒闭的危险。但是，为什么海尔能够最终坚持下来，并获得了现在的成就？其中的原因在于，海尔集团管理层的决策和计划都能够被员工顺利地执行，从而工作也就能够顺利地进行。

1. 张瑞敏眼中的执行——复杂的事情简单化

海尔集团的董事长兼总裁张瑞敏经常把这句话挂在嘴边：“这个世界上没有复杂的事情，所有复杂的事情都能够简单化，这就是执行。”

张瑞敏每次在回忆海尔公司的成功历程时，都会提到当初公司制订的13条规定，包括“不迟到、不早退、不准在工作岗位上打毛衣、不准在车间内随地大小便……”这些规定看起来都很琐碎、可有可无，有些甚至还让人觉得很好笑。但是，这些看似简单、无足轻重的规定却准确地击中了员工们在执行工作中的要害。

这些看似简单的规定在海尔公司管理层的严格管理和监控下，最终得到了彻底的落实，也使得海尔员工的整体精神风貌和工作态度有了彻底的改变。同时，也在海尔内部员工间树立了“有规必行、有法必依”的观念，使得这些规章制度不再是可有可无的摆设。此后，这种“复杂的事情简单化”的管理模式，在海尔公司内部得以大规模地施行，而且管理者们触类旁通，又相继推出了各种细化的规章制度，将那些现代企业管理中的复杂制度彻底简单化，使每一个海尔员工都能够明白管理体制的作用和优势所在。同时，也使得海尔的管理制度愈加完善，形成一种强有力的粘合力，将整个企业组织凝聚成为一个执行力非常强的组织团队，为海尔最终走向成功铺就了一条辉煌的道路。

2. 张瑞敏的决策——将执行进行到底

海尔的成功引起了人们的广泛关注，很多人都开始研究、借鉴海尔的成功经验，而且很多企业都把海尔的管理模式借用过去，希望能够从中获利。然而，虽然制度和模式和海尔公司是一样的，但却很少有企业能够将其执行好，这也使得那些企业很少有能够发展得和海尔一样成功的。

为什么制度和模式都一样，最后的结果却大不相同呢？究其原因，正是在于执行问题上。海尔的管理制度和模式好是好，但是执行起来却非常困难，尤其是要想长期坚持，更是难上加难。因此，很多企业都在执行过程中半途而废，这也导致了它们最终的失败。而反观海尔集团，张瑞敏一直都在强调行动、强调执行，并将其始终贯彻到企业发展当中，这也正是海尔能够做大、做强的原因所在。

从张瑞敏对“执行”的认识和海尔成功的道路上，我们能够看出，那些运用海尔的管理模式却无法成功的企业，并非在于制度本身不好，也不是由于发展战略和计划有问题，最重要的是因为企业团队缺乏执行力。作为海尔企业的领导者和带头人，张瑞敏身先士卒，带领企业所有员工将执行贯彻到企业工作中，共同将工作做好。

◎柳传志：自己善执行，也要让他人会执行

联想集团每年都会举办一次全国性的市场活动，这种市场活动的规模非常庞大，会在全国几百个城市当中同时举行。不用看联想集团的其他管理制度，单从这项市场活动的举办中，就能够看出联想集团强大的运作力和控制力。这种运作力和控制力，其实就是以企业组织团队的执行力为基础的。

联想集团之所以能够有超强的执行力，与其董事长柳传志有密切的关系。不仅柳传志本人受过很好的军事教育，而且他的家族也以拥有强大的执行力被人们所称道，这些因素造就了柳传志本人强大的执行力。更重要的是，柳传志不仅注重自己的执行能力，也非常重视对企业中其他员工执行力的塑造。

在柳传志看来，判断一个企业有无执行力的标准，不仅要看企业管理者有没有执行力，更要看企业的其他员工有没有执行力。一个“善于执行”的人，应该能够坚决贯彻企业领导的决策并及时有效地解决工作中遇到的问题。因此，企业管理者应该任用会执行、能够执行的人，让他们在适合自己的岗位上发挥自己最大的能量。毫不夸张地说，如果企业管理者选对了合适的执行人员，那么就意味着企业成功了一大半。

联想集团的发展也并非像人们想象中那样一帆风顺，也曾经出现过缺失执行、举步维艰的时期，但是柳传志却从那段时期中坚持了过来，并使联想获得快速发展，原因就在于他选择了一位具有强大执行力的“得力干将”杨元庆作为自己的左右手，来帮助自己执行联想的发展战略。

在 1989 年进入联想集团后，经过五年的努力，杨元庆很快坐上了联想集团微机事业部总经理的位子，在杨元庆的领导下，联想公司微机部门在市场上所占的份额成为中国第一，不仅打破了国内个人电脑市场一直被外国品牌占据第一的尴尬局面、树立了我国个人电脑的品牌，更为国内电脑行业主导中国电脑市场带来了信心和决心。

在杨元庆接任联想微机事业部之后，为了实现部门的发展，他对个人微机产品的生产和销售分别进行了一系列的改革。

在生产环节上，他实行“计划生产”，也就是以市场的需求和顾客的购买力作为参考标准，市场需要多少，他就生产多少。这种生产方式的好处在于，产品是由市场决定的，公司不会出现超量生产的情况，因此，公司的发展不会由于供需关系的严重失衡而受到影响，资金也就不会因为产品积压而出现运转不灵的情况。

在销售环节上，杨元庆同样做出了大幅度的调整。首先，他不再采用企业以往的直销的营销方式，而是在全国各地寻找代理商，让全国各地的人为企业产品做宣传，这样就打开了产品的销路，将产品迅速地推广到全国各地。其次，在部门的人员结构方面，杨元庆也进行了大刀阔斧的改革，将销售部原来的一百多人锐减到十几人，精简了机构，提高了执行效率。最后，在产品价格方面，他进行了四次大幅度降价，实现了让个人电脑进入普通家庭的企业发展规划。

由于“生产”和“销售”直接关系到公司的利益，是所有公司实现发展的两个非常重要的环节，因此，对于它们的改革，实际上也是对公司的改革。

任何一种新事物代替旧事物，并获得发展乃至繁荣，都需要一个很长的过程，因此，在对部门进行各方面改革的时候，并不是一帆风顺的，杨元庆承受了巨大的压力。但是，善于执行的杨元庆并没有表现出任何退缩，也没有向困难低头，而是亲自抓执行，以身作则，甚至不辞辛苦地和业务代表们一起在全国各地奔波，就是为了能够亲自和代理商洽谈业务。

当时，由于我国IT行业发展得非常糟糕，各地代理商更倾向于做外国产品的代理，他们觉得国内的电脑产品无法和外国电脑品牌相抗衡，因此，寻找国内代理商是一件非常困难的事情。但是杨元庆却从来没有想过要放弃，经过努力，他帮助联想公司在全国各地成功寻找到代理商，建立起一个庞大的销售网络，这对联想以后发展的重要性是不言而喻的。

另外，经过精简后的联想公司，由于工作环境异常艰苦，所以剩下的工作人员在经过磨砺之后，业务能力都得到了极大的提升，真正成长为一支卓越、高效的工作团队。

在杨元庆的领导下，联想企业终于实现了质的飞跃，在短短两年时间内，联想品牌红遍大江南北，联想员工们坚持落实、执行的工作态度和方式终于收到了回报。2001 年，杨元庆成为联想集团的“掌门人”,上任后一年，他就为联想挣了 10 亿港元的纯利润，这个惊人的数字再次证明了杨元庆的执行力，同时，也证明了柳传志的眼光没有错。

“执行力就是选择会执行的人”,这就是柳传志对执行的理解，因此，他为企业选择的员工都是懂得执行的人、都是真正的执行高手，这些人不仅能够坚决拥护他的决策，更能够灵活地去执行，最后的成绩必然也是惊人的。联想集团能够成为全球个人电脑市场的领导企业，不仅证明了杨元庆的执行能力，更证明了柳传志对执行的正确理解，他才是一个掌控局势的真正高手。

第二章

出售结果：

有结果的执行才有意义

一、执行与结果的关系

◎执行完毕就有结果了吗?

说起“执行力”,很多人都觉得：执行就是去做、去完成分配的任务。而至于任务的完成结果，就不在执行力的规定范围之内了。事实上，这种想法是大错特错的，判断一个人有没有执行力，不仅要看他有没有及时、迅速地去执行领导者分配的任务，更要看他的执行结果。没有结果的执行，就像是用尽力气去打空气，空费了许多力气，却不会收到任何效果。

因此，我们在强调执行力的时候，不只是要向员工们灌输“执行的过程”,更要向他们灌输“执行的结果”,只有得到想要的结果，才算是完整的执行。

1. 完成任务不等于有结果

在现实工作中，很多人都认为：对于领导分配的工作，只要尽心尽力去做就可以了，即使没有完成，但是我做了，没有功劳也该有苦劳。其实，这是人们的通病，也是他们对执行力的错误理解。事实上，“完成任务”只是一个过程，而不能算是结果。企业要想发展，必须有结果才行，没有结果企业就不能生存，更别提获得发展。

小王是某企业生产部门的主管，由于企业客户对产品的需求量增大，整个生产部门的员工也都变得忙碌起来。为了完成生产任务，小王要求所有员工加班加点，务必在规定期限内生产出足够多的产品。果然，在小王的督促下，生产部门在短时间内生产出大量的产品，满足了客户的需求，小王带领的生产部门也因此获得企业领导的嘉奖。

但是随后不久，问题就出现了：客户纷纷向该企业提出退货要求，因为产品质量远没有达到他们预期的要求。为此，企业专门派出人员去客户厂家对产品进行质量鉴定，发现确实是产品本身的问题。原来，当初为了赶时间，产品生产出来后没有经过检验就派送给了客户，根本就没有发现质量方面的问题。现在发现了问题，但是为时已晚，企业因此蒙受了重大的损失，小王也因为这件事情被降职处分。

从这个事例中我们能够看出，完成领导分配的任务，并不等于有了好的结果。小王虽然完成了生产任务，但却没有注意产品的质量问题，最后反而给企业带来经济损失，起到坏的效果。显然，小王这种没有结果的“执行”不能给企业带来利润，因此就不属于真正意义上的“执行”，而小王对于执行力的理解是有偏差的。

2. 有“结果”的执行，才是真正的执行

“结果”是企业赖以生存的基础，领导层制订的所有决策与规划，只有达到相应的目标，实现预期的结果，才能发挥出决策与计划的效力，才能使企业占领市场份额、打败竞争对手。否则，即使再完美、周密的计划，如果不能达到预期的结果，最后也只能沦为“纸上谈兵”，对企业将毫无作

用。因此，结果导向的执行，才是真正意义上的执行，只有做出结果，才算是达到了执行的目的。

很多小型企业管理者都有这样的体会：经过长时间的调研和商讨，公司决策层制订的决策和计划非常周密，很适合企业的发展。但是，在执行的时候却完全不是计划中那么简单，尽管很多员工都会按照吩咐去做事情，但是他们却不会重视做的结果。这也就导致尽管企业上下所有员工都在忙碌地做事情，但是企业却始终处于“寸步难进”的状态，停滞不前。

而反观那些国际性的大企业，他们不仅将企业发展战略规划做得很详细，更重要的是，他们的执行很到位。拿雅戈尔集团来说，李如成在制订了三个“五年规划”之后，并不是将其扔给属下，随他们去做，而是通过监督，实时了解计划的进度，并及时解决计划执行过程中遇到的各种问题。在李如成的影响下，雅戈尔的所有员工都非常重视每一个计划最后的执行结果，这也保证了三个“五年规划”都提前达标。

“执行”不仅要看过程，更要看结果，只有那些能够产出结果的执行过程才是真正的执行，否则只会浪费企业资源。就像果农栽种果树一样，他们栽种果树的目的就是为了得到果实，如果果树只长枝叶却不结果子，那么即使果树长得再繁茂，也不是果农们所希望的。

3. 企业管理者要向员工灌输“结果导向”思维

很多时候，员工们只知道“绝对服从”上级的命令，认为他们分配的工作只要去做就行了，至于做到什么程度、得到什么样的效果，就不在他们的考虑范围之内了。因此，这也就导致虽然很多企业的员工看起来都很忙，并且也能够顺利完成企业分配的任务，但是对企业的发展却没有太大的益处。究其原因，正是由于员工们缺乏“结果导向”的思维，他们只注重过程，而忽略了结果。

因此，企业的管理者要向员工们灌输“结果导向”思维，要让他们明白“结果”对于企业的重要性，并督促他们在做事情时，不仅要重视工作的过程，更要明白这样的过程将产生怎样的结果、这样的结果是否能够帮助企业发展等。只有将这种“结果导向”思维灌输给员工，让他们都抱着这样的思维方式进行工作，才能够将计划顺利实施，达到预期的效果。

我们可以将“执行”拆分为两个部分：前一部分是“做”，后一部分是“结果”。前一部分完全是为后面的结果做铺垫，如果无法产出预期的结果，那么即使做的过程再好，也只是在浪费时间和资源。

因此，一个懂得执行的人，不仅会在接到命令时迅速行动起来，马上投入工作中，更会重视这件事情最终将产出怎样的结果：如果这种结果是我们想要的，那么就继续这个过程；如果结果与我们的期望有所偏差，那么就改变做的过程，直至能够得到我们想要的结果。

◎不能出售结果的员工会对执行负责吗?

某位管理大师曾说过这样的话：“对结果负责的人，就是对自己、对他人、对企业负责的人。”判断一个人执行力的强弱，就是要看他执行结果的好坏，如果一个人连结果都拿不出来，又何谈“执行”呢？因此，一个无法出售结果的员工，不仅缺乏执行力，更缺乏对工作、对执行应负的那份责任心。

1. 没有结果的执行不是真正的执行

企业的生存和发展依赖于员工提供的结果，如果员工不能为企业提供结果，那么对于企业而言，这位员工就没有丝毫的价值。这里所说的“结果”，是企业员工的劳动结果，也就是他们能够为企业带来的具体利润，而不是他们的劳动过程。因此，对于企业而言，员工创造的利润和功劳是价值，而他们的劳动过程，也就是我们常说的“苦劳”，不是价值。所以，在结果面前，热情、忠心、踏实肯干都显得苍白无力。

小李是一名名牌大学毕业生，他自信开朗、性格外向，而且踏实肯干，毕业后不久就签了一家外资企业。进公司后，小李整天拿着公文包，西装革履地去上班，而且对于领导分配的任务，他都积极应允并主动去完成。

各方面都很优秀的小李进公司不久，就以自己的个人魅力赢得了公司领导和其他员工的好感。同事们都很羡慕小李，觉得他的发展空间很大，小李也确实是这么认为的。然而好景不长，还不到半年，小李却被公司高层辞退了。对此，同事们不理解，小李自己更是郁闷透顶：自己到底哪里做得不好了？抱着这个疑问，在离职之前，小李专门来到公司总经理的办公室，向其询问原因。

总经理对小李说：“你的各方面都很优秀，工作积极，而且在公司和其他同事相处得也非常好。但是有一个问题你也许没有注意到，那就是虽然你接任务的时候很积极，而且也在努力做，但是最后的结果却与我们的初衷有很大差别。比如有一次让你跟一个客户洽谈合同的问题，你和客户谈了十几天，也付出很多，但最终却将这笔订单跟丢了。类似的事情还有好几次，我就不一一列举了。我要的是执行的结果，而不是执行的过程，你的这种办事能力限制了公司的发展，所以我不能再留你在公司了，很抱歉。”

从这个例子中我们能够看出，企业领导要的“执行”是有结果的执行，如果最终无法得到想要的结果，那么再艰苦的执行过程也没有丝毫意义。因此，没有结果的执行，就不能真正称之为执行。

2. 对结果不负责的人也必然不会对执行负责

之所以要执行，就是想要最后的结果，如果对最终的结果都不关心，又何谈重视整个执行过程？因此，不能对结果负责的人，必然也不会对执行负责。

某国有大型企业由于经营不善濒临倒闭，为了挽救公司的颓势，该企业的负责人专门请外国知名专家为企业设计未来的发展道路。专家对企业进行评估后，为其量身制订了一套发展计划，这项计划分为几个阶段，每个阶段都有一个发展目标，只有达到这一目标之后，才能进行下一阶段的发展。

计划制订之后，该企业的负责人召集所有员工，准备大干一场。然而不幸的是，由于体制问题，那些员工一直都是只管执行上级的命令，却不会考虑结果如何。在这种氛围下，尽管企业管理者做足了准备，最后依然没有逃脱企业倒闭的噩运。

再完美的计划，如果缺乏合适的执行人员，也将是一纸空文。而这个“合适”的执行人员，就是以结果为目的、向结果看齐的人。只有对结果抱有强烈责任心的人，才能够对整个执行过程负责，才能在执行中体现自己的价值，为企业发展作贡献。

3. 提升执行力，从培养责任心开始

与俄罗斯伏龙芝军事学院、法国圣西尔军事学院以及英国桑赫斯特皇家军事学院并称“世界四大军事院校”的美国西点军事学院，从1802年建校到目前为止，为美国乃至世界培养了无数优秀的军事人才。西点军校的校训是“责任、荣誉、国家”，它不是将国家放在第一位，而是让“责任”占据首位，从这里我们就能够看出“责任”的重要性。西点军校之所以能够取得如此骄人的成绩，原因也正是在于它的历届管理者一直秉承这一校训，将培养学员的责任感放在首位。

为什么美国西点军校能够培养出那么多的军事天才和管理精英？原因就在于他们拥有一个共同的特点：一种强烈的责任感。这种责任感不仅体现在西点军校的所有教员身上，同时也体现在西点军校的学员身上。教员有这种责任感，才会将自己的心血倾注在对学员的管理和教导上；学员有这种责任感，才会在学习期间将时间和精力放到对军事知识的学习上。只有双方都存在这种责任感，才能取得最后的成绩。

对企业的管理也是如此，如果员工们不能对所做的工作负责，那么他们也就不会关注事情的结果，而没有结果的执行过程就不能算是真正的执行。所以，企业管理者要加强对员工责任心的培养，让他们明白责任对于工作的重要性，进而从根本上提高员工的执行能力。

一个有超强执行能力的员工，必然是一个对结果负责的人，只有以结果为最终目标，才能在遇到困难时想办法进行克服，才能对自己的执行过程负起相应的责任。

◎结果至上才是团队精英

我们之所以在不断地强调结果，是因为企业的生存和发展与执行的结果紧密相连。就像我们活着就要吃饭一样，做饭的过程就是执行的过程，而真正能够起到作用的则是最后将饭吃到肚子里，也就是得到最后的结果。所以，真正的企业精英团队一定是懂得以执行促成结果的团队，而那些团队中以结果为最终目的的成员则是团队中的精英。

1. 以结果为导向的员工更能够获得企业的认可

小赵、小林、小王三人有十年的同窗友谊，三人从初中开始一直到大学毕业，都在同一个班级中学习，而且三人的成绩相差不大。大学毕业后，三人更是应聘进入了同一家公司。虽然学历相同、入职的时间也相同，但是三人的工资薪水却大不相同：小赵月薪8000元，小林月薪5000元，而小王的月薪却只有3000元。

有一天，他们的高中老师来看望他们，在得知他们薪水之间的差距之后，这位老师非常不解，就去问公司总经理："当初在学校的时候，他们的成绩都差不多，可为什么进入企业后，三人的工资却有这么大的差距？"

总经理听完那位老师的问题，笑着对他说："也许在学校的时候他们的成绩差不多，但那些都是书本上的理论知识，与实际工作并没有太大的关系。在公司里，我们为了公司利益着想，就需要员工的具体行动和结果。因此，公司与学校的要求标准不同，学校是以成绩判断学生的优劣，而企业则是以工资来评判员工工作水平的高低。因为他们在工作中的表现有很大差异，所以他们的薪水自然也就会有所不同。”

总经理说完这番话，看到那位老师并不是很理解，于是接着对他说：“这样吧，我现在为他们三人分配同一件工作，咱们来看他们各自的表现，这样对你的启发可能会更大一点。”于是，总经理把三个人同时找来，并对他们说：“在城东港口边停泊着一些货船，现在你们去调查一下，问下那些货船上货物的数量、品质和价格，然后详细地记录下来，尽快告诉我。”

两个小时后，他们三个人都回来向总经理汇报调查情况。

小王先做汇报：“您说的那个港口有一个我的朋友，我给他打电话问了一下，他答应帮我们进行调查，不过要到明天才能给我结果。不过您放心，我的这个朋友还是很可靠的，我明天一定给您结果。”

接着是小林做汇报，他将船上的货物数量、品质和价格等各方面的信息都告诉了总经理。小林说得很详细，但只是涉及货物的相关信息。

最后是小赵的汇报，他先将货物的数量、质量、价格等方面的信息做了陈述，与小林说得几乎完全一样。然后又告诉总经理，他已从总经理助理那里了解到了总经理询问货物信息的目的，于是在得到这些货物的信息之后，又打电话询问了另外两家公司的相关货物的品质和价格等。

听到三人对于同一件事情的处理方式和得到的结果，那位老师终于恍然大悟，明白了为什么他们的工资会有那么大的差异。

相信通过这个事例，大家也都能够明白他们之间存在的差异，明白他们对于企业的作用。三人中，小赵是一个拥有“结果导向思维”的人，他不仅能够明白企业领导的意图，而且还能够准确执行，并获得相应的结果。这样的员工对企业的贡献很大，他们自然也更容易得到企业领导的认可，同时为自己带来更大的发展空间和利益。

2. 结果至上的精英员工只会找方法，而不会为自己找借口

有些员工总会为无法达到目标寻找借口，不是认为企业提供的资源不够，就是嫌执行时间太短，反正无论如何，都不会谈自己本身的问题。然而，我们的企业是依靠结果而生存与发展的，所以我们不要借口，只要结果。因此，那些以结果为最终追求目标的团队精英员工，从来不会为自己找任何借口，在他们眼中，只有方法和结果，而没有借口。

乔·吉拉德是全球著名的营销大师，他所创造的世界吉尼斯汽车销售纪录，至今无人能破。乔·吉拉德就是一个结果至上的人，在他的眼中，没有办不到的事情，他也从来不会为自己的失败找借口，而是通过不断地完善销售技巧和方法来达到销售的目的。

乔·吉拉德创造的众多营销方法和策略至今仍旧被众多的销售员所使用，其中"不得罪任何一个顾客"、"名片满天飞"、"让顾客帮你寻找顾客"、"建立顾客档案，更详细地了解顾客"等销售技巧更是被人们所津津乐道。从乔·吉拉德创造出的那些销售技巧中我们就能够看到，在他的眼中，无论何种方法，只要能够实现最终的销售目标，就是好的方法。而且，尽管在销售中遇到的问题很多，但是解决问题的方法却更多。

正是这种"只找方法，不找理由"的做事方式，最终成就了乔·吉拉德销售大师的地位，这是非常值得我们去学习和借鉴的。因此，一位真正的团队精英员工，也应该将这种做事方式作为执行标准，一切向结果看齐，即使在执行过程中遇到了困难，也不找任何理由和借口，而是寻找各种方法予以解决，直至实现最后的目标。

3. 以“结果思维”为基础，做团队的精英

这里所说的“结果思维”，是指一种能够充分分析、解决问题，以强烈的责任心和敬业精神去完成任务，并达到最终目标的思维方式。这种思维方式的特点在于，它要求执行人员必须要做出结果，而且这种结果能够为企业创造价值。在结果思维中，完成任务不等于是得到结果、好的态度也不等于好的结果，只有做出有利于企业发展的“结果”，才算是真正好的结果。因此，企业员工只有以这种思维方式为基础，才能成长为一个富有执行力的人，才能成为企业团队的精英。

企业的发展结果是靠每位员工共同提供的，只有所有员工都创造出结果，才能构成企业最终的结果。因此，企业的命运和员工是捆绑在一起的，一方面，由企业为员工提供薪水等物质奖励；另一方面，由员工创造结果来使企业获得发展。所以，员工必须把“完成任务”和“结果”的关系搞清楚，不仅要完成上级分配的任务，更要做出想要的结果。只有能够做出结果的员工，才能称之为团队的精英。

二、让结果走进日常执行工作

◎有执行才有结果

我们常说“心态决定行动，行动决定结果”。如果有了想法和计划，

那么就是成功了一半，而要想获得最终的成功，另一半就是去做。拥有向往结果的心态是成功的第一步，接下来重要的就是去执行、去行动。就像我们饿了要吃饭一样，只有做好了食物，才能将其最终吃到肚子里，如果只有做饭的想法，却不去付诸实践，那么即使再优秀的厨师也要被活活饿死。

因此，要想获得结果，首先要行动起来，坚决按照既定方针和计划执行任务。

1. 执行不一定就能得到结果，但是不执行肯定不会有结果

很多企业都面临执行难的问题，原因是有些企业管理者在制订了规章制度和发展计划之后，就不再对企业进行管理，他们认为员工会按照那些规定履行自己的责任。然而事实却并非如此，因为很多员工都不太“自觉”，缺乏执行力，因此，他们也需要监督、需要管理。所以，企业管理者要发挥自己的执行能力，去认真地对企业进行管理，而不是想当然地坐等最终的收获。

东北某家大型国有企业由于经营不善导致破产，后来被一家日本大财团收购。企业里的员工们都在企盼日本人能够带来先进的管理方法和技术，使这家企业起死回生，他们也好保住自己的饭碗。然而出乎意料的是，那家大财团并没有带来新的技术和管理方法，也没有对原有的企业结构进行改组，他们只是派了几个管理层的人过来，其他一切都没变。唯一不同的是，日本人来了之后，提出了一个要求，那就是必须严格按照企业的规章制度办事，如果有违反相关规定的，就会毫不留情地对其进行处分。就这样，在这种管理监督之下，那家企业最终扭亏为盈，又重新运转起来。

企业管理层制订的制度和方法是好的，但是如果没有人去切实执行，那么这些制度只能是一纸空文，毫无作用。

2. 掌握实际操作技能才能将执行进行到底

对于企业而言，要想生存和发展下去，就需要员工提供结果，而这些结果就是从执行中得来的。但是执行也是分等级和能力的，执行力强的员工能够更快、更好地完成企业分配的任务，并能够取得更好的结果，而那些缺乏执行能力的员工则容易将事情办砸，或是虽然执行了，却不能收到更好的结果。那么该如何提升执行能力，取得更好的结果呢？我们先来看一个故事。

有一位学者乘船过河。

在船上，这位学者问撑船的船夫："你学过数学吗？"船夫摇摇头道："我这一辈子都没有离开过船，哪里有机会学数学。"学者惋惜地道："太遗憾了，你这一生 30%都虚度了。"

过了一会儿，这位学者又问船夫："那你学过哲学吗？"船夫依旧摇摇头，表示自己根本没有听说过这门学科。学者痛惜地道："太遗憾了，你这一生 70%的时光都虚度了。"

船行到河中心的时候，突然起了大风，小船禁不住风浪，整个掀翻在水中。船夫望着在水中挣扎的学者问道："你会游泳吗？"学者拼命挣扎，从他的行动上船夫看出他不会游泳。船夫遗憾地说："看来您这一生百分之百要过去了。"

企业盈利不同于学习理论知识，只有掌握了实际操作技巧才能将任务顺利执行到底。因此，要想提升个人的执行能力，就要提升他们的实际操作技能。比如，对于一线的生产员工来说，熟练的工作技巧才能保证他们顺利完成生产任务；而对于高层管理者来说，掌握管理员工、提升他们工作激情的技巧则很重要，掌握了这些方法和技巧，才能达到管理的目的。

3. 做一个“实干家”，而不是“空想家”

有一个农夫在田间劳作的时候，发现一只兔子由于跑得太快，不幸撞到一截树桩上撞死了。农夫捡起这只死去的兔子，到集市上卖了一个好价钱。这位农夫很高兴，他觉得只要自己守在那截木桩前等着兔子来撞，然后再拿兔子去卖钱，这样的生活可比种地要轻松多了。打定主意的农夫就每天坐到那截木桩旁边，等着兔子来撞。结果，半年过去，一只兔子也没有撞过来，而且由于不劳作，他的田地也荒芜了，最终，这位农夫什么也没有得到。

这就是著名的“守株待兔”的故事，故事里的农夫就是一个彻头彻尾的“空想家”，他一心想要不劳而获，却忘记了世上没有免费的午餐，不实际行动起来，怎么能够得到想要的收获？即使不愿意种地，想要捉兔子卖钱，起码也要想办法怎样快速捉住兔子才是，只是坐等兔子撞死，显然是不切实际的。

空想家和实干家的区别在于，空想家只会去想、去计划，将所有的事情都在脑子里做一遍，并得出最后的结论，至于得出的结论正确与否，他们就不知道了，因为他们没有真正实践过，所以不知道真实的结果。实干家则不然，他们在制订了计划和方案后，马上就会去做、去执行，也许执行过程中会遇到各种困难，但是他们却并不怕，而是想尽各种办法予以解决，最终得到他们想要的结果。所以，空想家的结果永远都是虚无缥缈的，而实干家的结果却是实实在在的。

“空想”和“坐等”，永远都不会有结果，只有去做、去执行，才能得到最后的结果。即使是一个较差或者错误的结果，也比没有结果强，至少这些结果能够为我们提供经验，避免我们下次的错误。

◎在日常工作中找方法

很多人都觉得执行是一件非常困难、非常痛苦的事情，因为它不仅涉及能不能及时去做，更涉及如何做的问题，也就是说，执行是需要讲究方法的。所以人们惧怕谈到执行的话题，认为它高深莫测。事实上，执行可以是一件快乐的事情，而执行的方法也很简单，它们就“潜伏”在我们的日常工作当中。

管理学家们曾经做过一个实验，来证明执行方法的问题。他们将40个家庭主妇分为两组，分别让她们做相同的家务活，以此来寻找执行的方法。

第一组家庭主妇不论做什么家务，都非常积极、专心，她们将铺床叠被、洗衣做饭、打扫卫生等当做一种生活享受，哪怕是生活中的一件小事，她们也会全身心地投入，将其做好，并从中享受生活的乐趣。她们将家里收拾得整洁、干净，让那些来家里做客的人能够充分感受到家的温馨和生活的幸福、美好。因此，她们也能够享受到更多的乐趣。

第二组家庭主妇则是抱着完全相反的心态去做家务。她们极其讨厌做家务，甚至觉得与其做这些家务，倒不如让她们少活几年。她们将做家务看成是一件累赘、单调乏味的事情。因此，在她们的家中，往往是客厅里乱七八糟，厨房中杯盘狼藉，以至于当人们来做客时，都感觉无处下脚，甚至还会觉得她们缺乏生活情趣。而这些家庭主妇在这种杂乱的环境中，心情也不好，她们不去收拾，反而常常向朋友抱怨。

从这项测试中我们能够看出，第一组家庭主妇将执行家务当做一种乐趣，因此她们更能够得到快乐；第二组家庭主妇则将执行家务当做一种负担，因此她们对做家务充满畏惧之情，并感到烦躁。通过进行对比我们可以看出，两组之间的差异就在于她们对执行的态度、热情不同，因此她们得到的结果也大不相同。

对于在企业中工作的员工同样如此，我们何不给执行打开一条通道，让执行走进我们的日常工作呢？也许这样能够为我们带来更多的快乐。

1. 日常工作是我们的“老师”，执行方法潜藏其中

执行的方法并没有大家想象的那么难，它就潜藏在我们的日常工作和生活当中。因此，作为员工要认真工作，从工作中寻找解决方法。

18世纪60年代，“珍妮纺织机”进入英国工业市场，它的出现，极大地提升了工人的工业生产率，开启了第一次工业革命，被恩格斯称为“使英国工人的工作状况发生根本变化的第一个发明”。“珍妮纺织机”的发明，就是从工作中寻找方法的典型案例。

“珍妮纺织机”的发明者哈格里夫斯是一位普通的纺织工人，他既能织布，又会做一些木工活。由于当时的纺车都是最简陋的设备，因此工作起来非常费力，而且生产效率也不高。

一天，当哈格里夫斯下班回家时，不小心将家中的老式纺车碰翻了，他的第一个反应就是赶紧把纺车扶正。但是，当他弯下腰准备扶正纺车的

时候，却发现被踢倒的纺车依旧在转，只不过原来横着放的纱锭变成了直立的。望着地上的纺车，哈格里夫斯灵机一动，突然想到：假如将几个纱锭都竖着放，然后用一个纺轮带动，那样不就可以同时纺出更多的纱了吗？想到这一点，哈格里夫斯说做就做，用他那双灵巧的手造出了一辆用一个纺轮带动八个竖直纱锭的新型纺纱机。经过试验，这种纺纱机的效果非常好，生产效率马上提高了八倍。

由于“珍妮纺织机”生产效率高、纺出的纱质量也比旧式纺车纺出的好，因此，“珍妮纺织机”渐渐流传开来，而哈格里夫斯也因此赚到了更多的钱。

从这件事中我们能够看到，其实寻找合适的执行方法并没有我们想象中那么困难，它就潜藏在我们的日常工作中，只是我们没有发现而已。因此，我们应该更专注于自己的日常工作，不要将它们当成一种累赘，而应该将它们看做是我们的“老师”，从中获得更好的方法。

2. 以积极的心态去对待日常工作

很多企业员工觉得日复一日地做同一项工作是一件非常痛苦的事情。因此，当他们初次接触这项工作时，由于感到很新鲜，还能够保持一种积极的工作态度，努力完成这项工作；但是时间一长，就逐渐烦躁起来，认为毫无乐趣，当这种想法产生时，他们的工作态度就会有所转变，对工作失去兴趣，进而对工作的执行力度也会大打折扣。因此，一个懂得执行的员工，会时刻保持积极的工作态度，并从日常工作中寻找乐趣，促进自己执行能力的提升。

小张是某家快递公司的送货员，每天的工作就是将顾客网购的货物按时送到固定的地点。这份工作已经做了一年多了，但小张却从来没有觉得枯燥过，他每天都会快乐地工作，准时准点地将货物送到指定的地方，从来不会抱怨。而那些与小张同时入职的人很多都辞职了，他们觉得每天重复这种工作实在是太乏味了，即使没有辞职的人，也会经常抱怨。

对于小张的工作态度，很多同事都不理解，他们不明白为什么小张能够将这么枯燥的工作做得如此快乐。在一次员工交流大会上，领导让小张向大家传授自己的经验。小张说："其实也很简单，我当时干了三个月左右的时候，也觉得有点枯燥，但是随后我发现，发往咱们这里的快递来自全国的四面八方，于是在无聊的时候，我就会看这些货物是从什么地方发过来的，然后再从地图上找出这些地方，了解那里的风土人情。再加上本身我就很喜欢地理，因此从这件工作中，我觉得能够得到更多的乐趣。"听到小张的讲解，大家恍然大悟。

其实，工作就是这么简单，只要我们抱着积极的心态去对待日常工作，那么我们就能够从中发现乐趣。当我们对工作产生兴趣之后，将会极大地提升自身的执行力，那样对我们的工作也会有很大帮助。

◎不同类型问题解决方法不同

任何问题都有其对应的解决方法，只有找到最合适的那个方法，才能够有效解决问题。就像我们在做数学题时会用到"归纳法"、"类推法"等数学方法一样，这些方法能够帮助我们快速解决遇到的数学难题。同样，在企业中也存在各种解决问题的方法，只有掌握了那些方法，才能够解决问题。

另外，方法有很多种，但是适合解决问题的最佳方法往往只有一种。比如当我们在面对一道数学难题的时候，在审题的同时，我们就要在脑子里想那些数学方法，寻找一个最合适的用来解决面前的问题，这个最合适的方法，就是“最佳方法”。在现实工作中，可能解决同一个问题的方法有很多种，但是只有一种能够最快速、最有效地解决遇到的问题。因此，我们在工作中要善于寻找那些最有效的方法，以此来提升我们的执行能力。

1. 不同的问题需要不同的解决方法

解决工作中的问题就像医生给病人开药一样，只有开对了药，才能治好病人的病，否则就会出现差错。另外，世界上没有包治百病的药，现实工作中也没有万能的方法，因此，当我们面对不同的问题时，就要寻找不同的解决方法予以解决，而不能死抓一种方法，生搬硬套，那样只会使问题越来越糟糕。

小李是某企业的销售员，在一次与客户的交谈中，她施展三寸不烂之舌，利用谈话技巧硬是使犹豫着是否要购买企业产品的顾客动了心，并购买了大量产品。而小李也因为促成了一笔大订单而受到了企业领导的嘉奖。

一次，该公司新谈了一个大客户，由于是刚接触，相互之间还不是很了解。为了促成这笔订单，公司领导特别提名让小李去谈。见到那位客户之后，小李发挥自己的谈话优势，开始对企业的产品大加夸耀，希望以此拉拢客户。然而，小李不清楚的是，这位客户在之前已经对小李公司的产品进行了简单的了解，他发现小李有故意夸大的嫌疑，再加上这位客户本人是一个极其务实的人，不太喜欢那些巧舌如簧的员工。因此，这次谈判不欢而散，小李最终也没有签下这位客户。

之所以使用同样的方法与客户进行谈判，最终却出现截然不同的结果，就是因为小李没有将问题区分对待，而是用自以为“万能”的方法去解决不同的问题。小李第一次能够成功，是因为她的顾客是一位“犹豫型”客户，在小李的劝说下，自然能够促成交易；但是后来遇到的那位则是“实干型”的客户，再用同样的方法对待，显然是行不通的。就像吃蘑菇一样，有的能吃，有的却有毒不能吃，如果看到蘑菇就吃，那岂不是要坏事？因此，我们在工作中遇到问题时，要辨别清楚问题的实质，然后再对症下药，寻找合适的方法予以解决。

2．“最佳方法”能够有效提升我们的执行力

相对于在学校的考试中只有一个答案而言，现实工作中遇到的问题可以有很多种解决方法。但是，虽然方法有很多，却也有优劣之分，好的方法能够及时、有效地解决问题，并得到想要的结果，而不好的方法虽然也能够解决问题，但是最终的结果可能就会不尽如人意。因此，我们要寻找最佳的解决问题的方法，这样能够有效提升我们的执行力。

为了提升企业的生产力，很多企业家想了无数的办法，比如提升员工的工作技能、延长劳动时间等，但是这些方法并不能从根本上解决生产力的问题。

1913年，美国的汽车大王亨利·福特在密歇根州的汽车生产基地建立了一套生产系统，也就是我们现在所熟知的“流水线生产系统”。这套生产系统能够促进生产过程中的分工，可以免除员工因为专业之间的转换而损耗的时间和资源，而且不用工人们在工作中来回奔波，只要谨守自己的工

作岗位就行。因此，流水线生产系统的建立，极大地提升了员工的工作效率，同时也为企业创造了更多的财富。

从流水线生产系统的建立中我们能够看出，当科技发展到一定程度之后，只有优化管理系统才能够提升生产力，而这正是企业解决生产力问题的“最佳方法”。同理，在企业的生产和管理中，所有问题都有其最有效的解决方法，只有掌握了这种方法，才能有效提升我们的执行力。

3. 要学会在工作中总结、归纳那些实用的方法，并灵活运用

那些在遇到问题时能够迅速解决的执行高手并不是天生的，也不是一蹴而就的，他们是通过不断的学习、实践、总结，然后从中逐渐掌握一些解决问题的方法，并将之灵活地应用于工作当中。因此，要想成为一个掌握多种解决问题方法的执行高手，必须对自己进行两方面的锻炼。

首先应该学会在工作中总结、归纳那些实用的方法。日常工作是我们最好的老师，我们要学会从中总结所遇问题和解决方法的经验。只有积累了足够多的经验，才能够举一反三，等下次遇到相同或者类似的问题时，就能够依据经验寻找出最有效的解决方法，从而很容易将问题解决掉。

其次要学会灵活运用方法，不拘泥于方法本身。问题是多种多样的，看似相同的问题其实会因为时间、地点和人物的不同而存在微小的差异，如果掌握不好这些差异，就很可能会将事情办砸。因此，对于遇到的问题，我们要慎而又慎，认真揣摩问题的实质，然后从我们积累的经验中寻找合适的方法，而不是用一种方法去解决所有的问题。

所以，只有加强这两方面的锻炼，才能成长为一个真正解决问题的高手。

三、执行改变命运，结果成就未来

◎“第一时间”与“最后关头”执行的结果

俗话说“机不可失，失不再来”，这句话告诉我们，当机会到来的时候，就要将其紧紧抓住，如果等到机会溜走了，那么一切都晚了。同样，执行也适用于这个道理。如果对于企业的规划和任务，员工们不能及时执行，那么很可能就会被竞争对手占取先机，从而使自己的企业落入被动地步；如果对于企业发展中遇到的小问题视而不见，不及时处理，那么这些小麻烦可能会越来越大，最终影响到企业的生存和发展，也许当时能够轻而易举解决的问题，拖到最后可能就需要成百上千倍的投入，才能彻底解决。

因此，对于分配的任务和遇到的问题，我们应该在第一时间予以执行，抢占市场的先机，或者是将灾祸消弭于无形。

1.“第一时间”执行既能抢占先机，又能未雨绸缪

俗话说“先下手为强，后下手遭殃”，对于市场竞争来说，哪家企业先占领市场，那么他们就能获得最大的市场份额，从而为企业赚取最大的利润。因此，对于企业高层制订的发展规划，员工们应该在第一时间予以执行，

以便最早实现计划，抢占先机、抢占市场。

另外，对于工作中遇到的问题和潜在的问题，我们也要在第一时间将其解决，免得最后演变到危及企业的生存和发展，那时再去执行就晚了。

1995 年，在参加一次出访美国的活动时，马云第一次接触到了互联网，初次意识到互联网在中国具有广阔的发展空间。于是在回国后，他创办了一个叫做“中国黄页”的网站。1997 年，马云加入中国外经贸部，负责中国产品网上交易市场，并协助开发我国的官方互联网站点。此时，马云再次意识到，未来的世界是互联网的世界，如果此时出手，那么自己就是第一个吃螃蟹的人，虽然有些风险，但是后期收益会更大。因此，善于执行的马云于 1999 年辞去公职，果断向中国的互联网市场出手，创建了阿里巴巴网站。

由于当时国内的互联网市场还很少有人涉及，所以“第一时间”执行的马云占尽了先机。在马云的带领下，阿里巴巴迅速成长为国内的互联网龙头企业，尤其是在 B2B 业务方面，已经成为全球最大的网站之一。在此之后，马云为企业发展制订的一些策略，无不要求员工们在第一时间进行执行，从而能够在市场竞争中处处占尽先机。

而反观那些在马云之后进入互联网市场的企业，由于市场竞争压力大，再加上本身的经营不善，很多互联网企业相继倒闭。不得不说，没有在第一时间抓住时机、执行计划的那些企业管理者们，由于失去先机，所以最后不得不黯然离场。

从马云的成功案例中我们能够看出，“第一时间”执行，对于企业的生存和发展有着最大的推动力，不仅能够使企业在市场竞争中获得先机，从而占领最大的市场份额，也能够及早地解决遇到的问题，将祸患消弭于无形。

2.“最后关头”才去执行，为时已晚

很多人都有拖拖拉拉的习惯，他们非要等到事情迫在眉睫时才去执行，这就是我们所说的“最后关头的执行”。虽然有时候在最后关头执行也能够解决一部分问题，但是更多时候却是于事无补。虽然我们常说“亡羊补牢，未为晚也”，但是这种在事情发生后再去补救的方式，总归要为企业带来一定的损失，而且有时再“补”的时候已经无法补好出现的漏洞，最终导致企业的衰败。

古时候有一户人家，厨房里堆着很多柴火，而且炉灶的烟囱也是直的。一次，有位朋友来他家做客，发现了这个问题，就对他说：“你应该把烟囱改成弯的，将柴火堆放到别的地方，否则很容易发生火灾。”那人听了朋友的话，觉得有些道理，但是却没有马上去做。果然，没过多久，他家就发生了火灾，此时，他才后悔当初没有听朋友的劝告，及时迁移柴火、改造烟囱。

很多时候，当问题暴露出来或者是酿成大祸的时候再去处理，已经有些晚了。因此，那些总是将事情拖到最后关头再去执行的人，一定要注意克服自己的这种不良习惯，不要总是将事情拖到最后关头再去执行。

3.培养员工“第一时间”执行的意识，避免拖拖拉拉

作为企业的管理者，有责任培养员工“第一时间”执行的意识，这样不仅能够提升员工的执行能力，更能够为企业带来更多的利润，使企业快速发展。为培养员工的这种执行意识，企业管理者可以从以下两个方面做起。

首先，加强监督管理。

人都是有惰性的，如果企业的管理制度十分松散，或者是形同虚设，那么员工就容易出现懈怠的情绪，从而在工作的时候也会能拖就拖，实在拖不下去了，才会去执行，而此时的执行往往已是时过境迁，失去原有的价值和意义。因此，当企业管理者向员工们分配任务之后，不能放任不管，而应该加强对他们的监督管理。一方面，管理者要按时询问员工的工作进度，以保证他们确实在执行任务；另一方面要不断督促他们按时，甚至是提前完成任务给他们施加一定的压力，从而保证他们的执行力度。

其次，通过培训让员工们明白“第一时间”执行的重要性。

员工们之所以出现拖拉执行的原因，有时候是在于他们并没有真正认识到“第一时间执行”和“最后关头执行”这两者之间的差异，在他们看来，只要是执行，早晚都一样，所以才会拖到最后。因此，针对这种想象，企业管理者应该加强执行方面的培训，让员工们充分认识到两种执行之间的差异，当他们认识到这种巨大的差异之后，自然也就会在第一时间执行自己负责的任务。

“第一时间”执行和“最后关头”执行所得到的结果是大不相同的，有时甚至会关系到企业的生存与发展，因此，我们要养成在第一时间执行的习惯，将自己负责的任务和遇到的问题及时解决，从而为企业发展提供最大的助力。

◎高效能人士要念好结果真经

有人觉得执行就是行动，只要不是闲着、一直在忙碌，就是在执行。其实不然，我们所说的企业中的执行，是一系列的活动，它不仅包括最初的行动，还包括执行中所用的方法和技巧，更包括最后得到的结果。因此，一个真正懂得执行的人，不仅能够迅速行动、寻找方法，更能够为企业做出结果。所以，执行力强的员工同时也是一个结果至上的人。

那么，该如何念好“结果”这本真经呢？我总结了一下三个字，即要“紧、巧、实”。

1.“紧”：紧抓行动，促进执行

在前面我说过，第一时间的执行和最后关头的执行所得到的结果会有非常大的差异，因此，当我们明确了目标任务或者是问题后，就应该赶紧行动起来，以保证能够在规定时间内完成任务。如果拖拖拉拉，可能就会贻误商机，为企业带来不必要的损失。

小李是某网络公司的前台工作人员，她主要负责为公司找客户，通过让客户在本网站做广告从而使公司从中受益，同时她也能够拿到提成。但是小李是个有些拖拉的人，而且时间观念不是很强，有几次与客户见面时，她都迟到了，因此客户和公司的领导都对她有些不满。尤其是公司经理，还专门找她谈过话，虽然小李有所改进，但是本身那种性格还是无法彻底改变。

一次，经理找小李让她和一位客户洽谈合约，并再三强调，这是一位很重要的客户，让小李马上去执行。小李在和那位客户进行沟通后了解到该客户上午有事，到下午才有时间，于是小李就将事情放到一边，想等下午的时候再去和那位客户洽谈。

当下午小李去找那位客户时，对方却告知她，已经在中午和另外一家网络公司签署了合同。原来，另外一家和小李所在的网络公司相同的公司也和这位客户联系过，只是这位客户一直没有做出决定选哪家。本来下午约了小李洽谈，但是对方的前台工作人员在了解到这位客户中午有时间时，就主动将其邀请出来共进午餐，在饭桌上将合同谈妥了。

仅仅只是差一个中午的时间，小李就错失了一位重要的客户。之所以会出现这样的结果，原因就在于对方的工作人员比小李的执行力更强、行动更快。因此，当我们接到任务时，应该在第一时间行动起来，这样才能抢占先机。

2．“巧”：巧找方法，完成任务

执行任务、解决问题的方法有很多，但是最适合的方法可能就只有一个。因此，我们的工作人员在执行时，要善于寻找合适的方法，用巧妙的方法解决遇到的难题，这样才能节省很多时间和资源。

喜欢读书的人都知道，为了更容易找到上次阅读到了哪里，读者们都喜欢利用书签来帮助自己记忆。然而，这种简单的书签只能帮助我们快速找到看到了第几页，却不能帮助我们找到具体看到了哪里，因此，使用这种书签，我们就不得不重新从这一页的开头读起，直到找到上次阅读的地方。

为了解决这个问题，有人发明了一种“精确书签”，这种书签可以帮助读者精确定位，让读者直接找到最后阅读的段落。唯一一处与普通书签不同的是，这种书签上面有两条可以移动的水平切缝，在书签主体上以编织的方式穿过。这样，就可以通过移动指示条来精确定位阅读的段落。这种精巧的小发明，极大地节省了读者的阅读时间。

类似于这样的巧妙方法在日常生活和工作中还有很多，如果我们能够在生活和工作中细心一点，总能够积累一些好的方法。而这些巧妙的方法对于解决我们遇到的问题，能够起到意想不到的作用，使我们的工作事半功倍。

3．“实”：实打实干，结果至上

最后则是要得到想要的结果，这才是最终的目的。我们得到的结果应该是实实在在的，应该能够对企业有所帮助，而不是随便得来一个结果就算是完成了任务。因此，我们要养成结果至上的思维，尽量做出最优的结果。

企业中的员工之所以会有“普通员工”与“精英员工”之分，之所以有的人拿的工资高，而有的人拿的工资少，原因就在于他们输出的结果不同。普通员工虽然也能够输出结果，但是他们的结果却不能完全符合企业领导者的要求；而反观那些精英员工，他们输出的结果不仅会令企业领导满意，而且很多时候还会超出他们的预期，为企业带来更多的利益。因此，同一个企业、同一个部门里的员工，却会出现工资、待遇不同的情况，这正是由他们输出的结果决定的。

因此，要想成长为企业的精英员工，成长为一个高效能工作人员，就必须念好“结果真经”，掌握这“三字真言”。相信在以后的工作中，只要坚持加强对自己执行能力的培养，任何一个普通员工都能够顺利“晋级”为精英员工。

◎立刻执行就是你的竞争力

21 世纪最重要的是什么？是人才！怎么判断一个人是不是人才？关键要看他的竞争力！有竞争力的员工，能够给企业带来竞争力；有竞争力的企业能够在市场竞争中打败对手，占领市场份额。因此，一个企业能不能在竞争中取胜，关键要看员工们有没有足够的竞争力。

判断一个人有没有竞争力的标准有很多，比如他的学识、工作能力、对工作的态度、对市场的把握力度等，但是除了这些东西，还有另外一个更重要的标准，那就是这位员工能否立刻将领导分配的任务予以执行。由于立刻执行能够抢占先机，能够及时解决问题，因此，立刻执行也是一位员工的竞争力的表现。

1．“立刻执行”就是你工作中的优势

有人将能力、学识作为自己工作的优势，诚然，这种想法是正确的，但同时，我们还应该考虑另外一个问题，那就是能否立刻执行上级的任务、及时解决工作中的问题。一个员工即使有学识、有能力，但是不能够及时执行工作，那么他的优势也将荡然无存。反之，一名员工即使没有太高的学识和工作能力，但是只要能够在接到任务时立刻予以执行，那么这也成为他的一种优势，而且比学识和能力更靠得住，也更容易获得企业领导的赏识。

小刘和小张在一家公司的同一个部门工作，最让小刘不服气的是，小张学历不如他，现在却要成为他的上司，因为公司高层已经下发通知，从

下周开始，小张要接任部门主管的位置。原来，他和小张几乎同时入职，而且他是大学本科学历，小张却只有大专的学历，原本他在公司的发展空间要更大，但是现在小张马上就要升职了，而他却还是原来的职务。

为此，小刘专门找总经理理论，想要讨个说法。对于小刘的质问，总经理微笑着对他说："咱们先来做个测验吧。"

总经理对小刘说："今年由于受到经济危机的影响，咱们公司的产品销路受到影响，你现在去调查一下，看看有没有更好的办法提高咱们企业的产品销售率。"听到总经理的任务，小刘愣了一下，然后说："这种调查的活动也用得着我去做吗？咱们公司有那么多做调查的人，让他们去就行了。"总经理点点头，对他说："这就是你的答案？好，你先等会儿，看看小张怎么说。"

于是他派人找来小张，也对小张下达了这样的任务。对于本不属于自己职责范围内的工作，小张并没有马上拒绝，而是这样回答到："好的！总经理，我马上去办这件事。只是对于这方面我还不太清楚，您能不能给我派一个有工作经验的助手，我想那样更有利于完成任务。"

总经理笑着说："很好，这事我会派人去处理，你先回去吧。"然后对小刘说："现在你明白你们两人之间的差距了吧，虽然你的学历比他高，但是你的工作态度却与他相去甚远。况且，小张的执行速度和执行能力都要远高于你，这些对于企业发展来说都是极其有益的，因此，在你们两人中间，我选择了小张来做部门主管。现在你还有什么意见吗？"

听到总经理的解释，小刘终于释然了。

也许对于个人来说，学识和能力是一些员工自认为最有竞争力的方面，但是，在实际工作中，企业领导却认为那些能够立刻执行他们的命令的人才是企业中的精英。因此，在企业中，“立刻执行”就成为员工的一种竞争力，成为一种优势。

2. 能够立刻执行的员工才是有竞争力的员工，能够立刻执行的团队才是有竞争力的团队

员工或执行团队能够立刻执行上级的命令，就可以及时解决工作中遇到的问题，提升企业的实力。因此，从企业发展和实际工作中考虑，那些能够立刻执行上级命令的员工才是最有竞争力的员工，那些可以领会管理者的意图，并立刻执行计划的团队才是最有竞争力的团队。

解放战争初期，国民党拥有430万军队，并且在抗日战争胜利后接收了大约100万日军的装备，除此之外，他们还得到了美国的大力支持，包括坦克、飞机、军舰等先进的美式装备。此外，国民党还统治着当时全国四分之三的地区和人口，几乎控制着所有的现代化工业基地和大中型城市，而且还受到美国的经济支持，可以说经济实力非常雄厚。

反观共产党方面，在军事上，只有130万军队，而且大部分配备的都是步枪等最简陋、低级的军事装备；在经济方面，解放区只有一亿人口，都是在一些小型的城镇、偏远地区等，以手工业为主，缺乏工业基础，而且得不到外来的支援。

在这种军事与经济力量的对比之下，好像战争一旦爆发，中国共产党必输无疑。然而事实出乎人们的意料，共产党不仅没有输掉战争，反而以极大的优势赢得了战争的胜利。也许这样的结果是由很多因素共同促成的，比如民心等，但是有一点是非常关键的，那就是对命令的执行程度。在解放战争中，无论是大型战役还是小型战斗，只要是上级的作战命令下达，共产党的下级战斗单位就会毫不犹豫地立即执行。而国民党军队则不同，他们只会为了自己的利益着想，为了保存个人部队的实力，有些长官竟然对整体的战斗命令阳奉阴违，甚至不予理睬。在这种对比之下，有最后的结果也是在情理之中了。

同样，从那些世界级顶尖企业的发展历程来看，它们之所以能够充满竞争力和战斗力，在激烈的市场竞争中脱颖而出，正是因为它们的员工和执行团队能够迅速将管理层的计划和策略付诸实施。

从这里我们能够看出，无论是在战场上，还是在实际工作中，“立刻执行”都是一种优势、一种竞争力，如果能够做到立刻执行上级的任务和计划，那么个人和企业的优势就能够凸显出来，从而实现个人的成长和企业的发展。

第三章

法则 1:

点燃内心的执行欲望

一、燃烧吧！渴望执行的小宇宙

◎动情演绎需要一点激情

我们常说："授人以鱼，不如授人以渔。"意思是传授给对方既有的知识，不如教会对方该怎么获得这些知识的方法。然而，在现代企业管理中，只是"授人以渔"还有所不足，更要"授人以欲"。也就是说，要想办法激发企业员工的工作激情和积极性，那样才能使他们充满激情地投入到日常工作中去，才能够充分发挥自己在企业中的作用。

著名的思想家爱默生曾说过："不倾注激情，就别想成就丰功伟绩。"所以，作为企业的管理者，应该想尽一切办法来激起员工执行的欲望和激情，让这种欲望和激情帮助他们迅速而有力地执行。能够做到这一点，即使是工作在一个平凡岗位上，也能够做出伟大的事业；即使面对重重困难，也依旧不能阻碍我们前进的步伐。

那么，该如何做，才能"授人以欲"，让那些员工对工作充满激情，能够在第一时间行动起来，执行公司的计划和任务呢？我认为可以从以下两个方面做起。

1. 培养员工们“日事日毕，日清日高”的工作态度

“日事日毕，日清日高”是“OEC管理法”（英文“Overall Every Control and Clear”的缩写）的另外一种说法，也就是让员工们全面地对自己每日的工作情况进行控制和清理，做到今天的工作任务必须今天完成，而且还要为明天制订一个比今天更高的工作目标。如果一个企业的领导和员工都能够做到这一点，那么这个企业必定能够成为一个具有超强执行力的企业。

对于“日事日毕，日清日高”这种管理模式的运用，海尔集团有其独特的管理法则。在海尔集团内部，有三个“管理原则”和九个“控制要素”。

这三个管理原则分别是：“闭环原则”，即员工们做任务要善始善终，要能够做到做事情之前有计划、能够迅速执行、结束后要对工作进行检查，循环往复，逐步提升；“分析比较原则”，即员工们要通过不断和自己、和别人做比较来发现自己的优势与不足，从而提升自身实力；“不断优化原则”，即根据管理学中著名的“短板原理”，找出自身在工作中的弱点，然后采取措施予以改进，最终提高工作能力。

另外的九个“控制要素”则可以拿“5W3H1S”法则来进行概括：其中“5W”即指工作责任人（who）、工作目的（why）、任务标准（what）、工作地点(where)和工作进度（when）；“3H”是指工作成本（how much cost）、工作方法（how）以及工作量（how much）；“1S”则是指工作进度安全（safety）。

通过在企业中实施这种管理方法，海尔集团内部从领导到基层员工在执行力方面都得到了质的提升，这也为海尔以后的发展奠定了坚实的基础。在一些企业中，很多员工都“无欲无求”，这种“超然于工作之外”的员工，

永远都不会成为企业的精英、成为一个具有强大执行力的员工。因此，对于发展中的企业来说，培养员工们“日事日毕，日清日高”的工作态度是非常有必要的，这样能够以适当的压力来充分调动他们的工作积极性。

2. 企业领导们的工作激情也要加以培养

除了要培养员工们“日事日毕，日清日高”的工作态度之外，企业领导的工作激情也要抓起来，因为他们是企业的表率，如果他们工作缺乏激情，将会给企业其他员工带来极坏的影响。对于企业领导来说，应该猛抓机遇，在市场竞争中体现自己的工作激情。

新希望集团的董事长刘永好先生就是一个在工作中充满激情的人，他从白手起家开始，到创下目前的基业，其工作激情体现在了企业发展的整个过程当中。

创业之初，由于缺乏经费，刘永好不惜将家中所有值钱的东西加以变卖，以筹集下海经商的资金。当第一笔做生意的钱被别人骗走后，他并没有走向消极、一蹶不振，反而越挫越勇，充满激情地奔向新的希望。为了偿还欠下的债务，他起早贪黑拼命工作，为了赚到更多的钱，有时候他要骑车到几十公里以外的市场卖鸡蛋。在这种“拼命三郎”的工作劲头下，刘永好又重新站了起来。

刘永好不仅工作拼命，而且在市场投资方面也非常果断。有段时间，他将资金投入到养鹌鹑上，但是不久，他就预测到鹌鹑在市场中即将饱和，已经失去了原来的优势。因此，为了使公司快速发展，他果断地杀掉鹌鹑，转而向其他市场进行投资。在积累了一定的资金之后，为了获取更大的成功，扩大企业规模，刘永好将上千万元的资金投入到金融业、房地产业，甚至还包括一些高科技产业领域。

从一个无名小卒到今天具有显赫地位的大企业家，刘永好的奋斗历程中处处体现了一名优秀企业家所必须具备的工作激情，正是这种精神的支撑，才造就了现在的刘永好。从这个事例中我们能够看出，激情不仅是事业成功的先决条件，更是企业领导者应该具备的基本素质。只有领导者充满工作的激情，才能带动员工们的工作激情，进而使企业上下一心，共同为企业的发展作贡献、增强企业的执行力。

激情既不是独立存在的，也不是瞬间存在的，它与人们的人生观、价值观以及责任感有着紧密的关系，是一种与人相伴一生的信念和品质。只有拥有工作的激情，才能够将工作做好；只有拥有工作的激情，才能够有效执行任务。如果企业中的所有员工都充满工作的激情，那么这样的企业将会拥有强大的执行力，将能够在市场竞争中脱颖而出，成就自己。

◎有缺点，那又如何？

说起足球明星罗纳尔多，可能很多不是足球迷的人都听过他的名字。被足球界冠以“外星人”称号的罗纳尔多，是一个让所有对手都感到头疼的前锋，他那惊人的速度和对比赛的整体掌控，不仅赢得了球迷们的崇拜，更征服了所有的对手。除了高超的球技，罗纳尔多还是一位非常可爱的球星，他在绿茵场上的趣闻轶事也常被球迷们津津乐道。然而，很少有人知道，这位统治着绿茵场的“球王”、这位在世人面前表现得近乎完美的“足球先生”，为了达到这一地步，付出了多少努力和汗水。

罗纳尔多的成名历程是一段极其漫长而艰难的过程。他不是天生的球王，也没有什么特别的天赋，刚进入绿茵场时，也只是一个默默无名的球员，开始的表现很一般。而且，由于长着一副十分难看的龅牙，所以罗纳尔多经常紧闭着自己的双唇，以免被别人看到龅牙而嘲笑自己，即使在足球比赛的时候，他也不敢张开嘴。久而久之，罗纳尔多就养成了这样一个紧闭双唇的习惯。

然而，这个习惯看似很小，却影响着一个优秀运动员的整体发挥，因为在赛场上，球员的运动量非常大，因此他们不可能一直顺利地用鼻子保持呼吸，这种时候，嘴就成了主要的呼吸器官。所以，罗纳尔多的这个看似微不足道的小习惯，却很容易让他在球场上累得不行，而这在很大程度上妨碍了他的潜能的发挥。这种情况的发生，不仅影响了他在比赛中的正常发挥，也压抑了他的精神。但是由于身体上的缺陷，罗纳尔多一直不敢去改正紧闭双唇的这一习惯。直到有一天，一位细心教练与罗纳尔多的一番对话改变了他的人生轨迹。

其实，这位教练一直很关注罗纳尔多的发展，他发现罗纳尔多是一位很勤奋的球员，而且有一定的足球天赋，是一棵值得培养的好苗子。在他细心观察下，终于发现了限制罗纳尔多发展的原因。某次比赛之后，这位教练对罗纳尔多说："你在赛场上紧闭着嘴唇，是怕被人看到你的龅牙吗？"罗纳尔多点点头，向教练承认了这一点。教练接着微笑着对他说："如果你想要让别人彻底忘记你的龅牙，那么你应做的不是紧闭着嘴唇，而是用你精湛的球技来吸引他们。紧闭双唇会让你无法自由呼吸，会影响你在赛场上的发挥，如果无法在赛场上取得优异的成绩，如何让别人忘记你的龅牙？只有你自己先忘掉你的龅牙，才能全力发挥你的潜能，况且，每个人或多或少都会存在缺点和不足，这不是什么羞耻的事情，何必太过在意？”

受到教练的鼓舞，罗纳尔多不再刻意掩饰自己的龅牙，终于敢在赛场上张开嘴自由地呼吸了。没有了这个限制，罗纳尔多能够充分发挥自己的潜力，他的球技随之有了明显的长进。张开嘴之后的罗纳尔多一发不可收拾，创造了一个又一个奇迹：17岁进入巴西国家队，并和队员们一起赢得了世界杯；不到21岁，就获得了“世界足球先生”的殊荣；“最佳射手”、“最佳球员”这样的称呼更是不计其数……成名后的罗纳尔多并没有因为他的龅牙而被人耻笑，因为球迷们全部将目光放在了他高超的球技上，而且，大家反而觉得他的龅牙很可爱。

试想，如果罗纳尔多因为在意自己的龅牙而一直不敢张开嘴自由呼吸，那么历史上将会少一个被球迷们喜欢的超级球星，多出一个不敢张开嘴呼吸的庸才。正如罗纳尔多教练所说的“每个人都有缺陷，太过在意这些缺陷反而会影响我们的发展”。因此，我们不应该让自己的缺点和不足成为一种心理负担，因为它会阻挡我们前进的脚步。

1. 在意自己的缺点，只会使之成为一种负担

在实际工作中我们常会发现这样的情况：有些人因为自身的某些缺陷而不敢放开做事。比如有口吃的人不敢与人交流、身体有残疾的人总是远离人群等。也许他们是想通过逃避、隐藏来避免自己缺点的暴露，但是，越是刻意掩饰自己的缺陷，越容易成为别人关注的焦点。而且，这种刻意的掩饰会影响我们在工作中的发挥，也会影响工作的执行。试想，如果因为有口吃而不敢与人沟通，那么如何与上司一起探讨工作问题？如果不了解清楚就贸然去做事，很容易将事情办砸。

因此，如果太过在意自己的缺点，只会使之成为一种负担，影响自身实力的发挥。

2. 忽视自己的缺陷，用其他优势去征服他人

人或多或少都会有一些缺陷，但是有缺陷又如何？我们可以通过其他方面的优势对其进行弥补。

比如足球场上的罗纳尔多，虽然有龅牙，但是观众们却忽视了这一点，只是记住了他精湛的球技；比如著名作家史铁生，虽然他双腿瘫痪，但是人们眼中看到的却是他经典的作品，而不是他的残疾，因此，人们对他尊重，而不是怜悯；比如有些演员，也许长得很丑，但是他们却偏偏很有魅力，原因就是他们将自己的缺陷放到一边，而致力于提升自己的演技，以此来征服观众。

所以，不要再纠结于你的缺陷，将它们忘掉，在工作中发挥自己独特的优势，用这些优势去征服他人，那样才能成就自己、成就企业。

3. 视缺点为历练的机遇，克服缺点就是成就自我

很多时候，我们眼中所谓的“缺点”其实都是自己的心理作用，如果我们能够放下这种“心灵包袱”，那么那些缺点和不足，反而可能会成就我们，成为我们通向成功的阶梯。反之，如果我们太过在意自己的“缺点”，认为那是一个不可跨越的鸿沟，那么它们自然就会成为我们成功路上的鸿沟。

谁能想到世界著名的销售大师乔·吉拉德，做销售之前其实是一个口

吃的人？谁能想到被冠以“20世纪最伟大的科学家”之称的爱因斯坦，在上小学的时候被老师们认为是一个“愚笨的孩子”？谁能想到“第九交响曲”这么伟大的音乐篇章，其实是在贝多芬耳朵失聪后创作出来的……

这样的事例太多了，他们之所以能够获得成功，就是因为他们跨出了第一步，跨过了心灵中自己设定的“鸿沟”。

如果我们总是刻意掩藏自己的缺点，只会让那些不足束缚住我们的梦想。设想，如果你在工作中不断提醒自己有缺点，那怎么能够专心做手上的工作？记住“不要掉进自我暗示的陷阱里”这句话，结果往往会更好。

◎有一个人能做到，你就能做到

我们经常会在工作中看到这样的情况：

有些人对自己的工作现状不满意，时常抱怨身边的人比自己优秀，感觉自己生活在别人的阴影当中。但同时，他们又经常为自己找各种理由来宽慰自己，比如“他家条件好”、“他的工作能力比我强”、“他的运气好，所以受领导青睐”等。他们从来不从自己身上找原因，同时，由于经常这样想，就相当于给自己下了“我就是一个失败者”的结论。因此，他们的工作积极性受到打击，与那些成功人士之间的差距越来越大。在这种恶性循环下，他们对自己的否定越发强烈，以至于到最后都不相信自己能够成功，在面对成功的机会时，犹豫不决，致使机会溜走。

相反，还有一些人，他们在看到别人成功而自己失败时，都是从自身寻找原因，并会寻找各种方法来提升自己的实力，以缩短双方之间的差距。同时，他们会在工作过程中不断提醒、鼓励自己，时刻想着“别人能做到，我也一定能做到”。于是在他们心中，充满了希望和对工作的激情，他们失败的次数越来越少，成功越来越多。在这种良性循环的帮助下，他们能够迅速抓住工作中的机遇，果断出手，与最终的成功越来越接近，不仅成就了自己，也帮助公司取得了发展。

通过对这两种情况的对比我们能够发现，在工作中遇到问题时，要保持冷静的态度，要对自己有信心，那样才能够将工作越做越好。

1. 永远不要否定自己、放弃自己，相信“别人能做到，我也一定行”

当我们在处理事情和面对问题的时候，要对自己充满自信，态度要冷静，行动要果断，那样才能取得好的结果。如果总是觉得自己这也不行，那也不行，做事情时就会犹豫不决，自然也就做不好事情了。所以，要给自己一点信心，相信别人能做到，自己也一定行。

王小姐是个不太自信的人，虽然能力很强，但是一直不敢做出自身的突破。她想自己创业，但是又怕失败，因此，犹豫不决的她一直没有走出创业那一步。

某次，在看了电视上某期网络销售成功案例之后，王小姐又有了创业的心思，而且，当初一个能力还不如她的同学现在也在做网络销售，并且做得还不错。“既然别人能做到，我为什么不行？”抱着这样的想法，王小姐开始了自己的网络销售创业之路。

主动辞去工作之后，王小姐报了一个网络销售培训班，在接受了一个月的培训之后，她在淘宝网上开了一家自己的网店。王小姐认为，要想让网购的顾客放心地在自己的网店里买东西，首先要给予他们最优质的服务，那样他们才会对网络平台产生满意、信任的心理，自己的生意才能越做越好。因此，她一直秉承着“为顾客提供最优质的服务”这一服务宗旨，努力提升网店的信誉度，让顾客在这里买得放心、用得安心。

功夫不负有心人，在王小姐的努力下，她的网络生意做得越来越火，甚至和国外的顾客做起了生意。

如果王小姐一直抱着否定自己的态度，那么她就永远不可能跨出那一步。幸运的是，她对自己还有信心，因此，她果断出手，并获得了最终的成功。在日常工作中也是一样，当我们对自己充满信心时，事情将变得简单起来。

2. 要不断发掘自己心中的积极因素

我们知道，“金无足赤，人无完人”，所以每个人都或多或少地有些缺点，不可能是完美无瑕的，因此，也不可能拥有全方位的优势。所以，要想在工作中取得优异的成绩，就必须学会从不同的角度去看待自己和遇到的事情，发掘自己心中的积极因素，那样才能有信心和能力去完成任务，打败对手。

相信很多人都看过威尔·史密斯演的电影《当幸福来敲门》，从一个被妻子抛弃、独自带着孩子睡地铁站、住收容所的极度贫穷的人，成为一个著名的投资专家，主人公克里斯·加德纳实现了一次质的蜕变。克里斯·加德纳的成功不是因为别的原因，正是来自于他内心中永不言弃的执着。他从来没有放弃自己，而是积极地寻找内心中最光明、最积极的一面。因此，在经过一番磨砺之后，他终于迎来了自己人生中的幸福。

试想，如果在几次推销药物器械失败之后，克里斯·加德纳就失去信心，消极地放弃自己，又怎么会有最终幸福的结局？也许我们会在工作中遭遇失败和挫折，但是我们一定不能放弃自己，而应该发掘心中积极的一面，相信自己终究会完成任务。

3. 在内心中不断鼓励自己，不给自己找借口

总听到有人抱怨别人比自己优秀，那么人和人之间有很大差异吗？科学研究表明，人与人之间在生理上的差异是极其微小的。因此，只要我们付出足够的努力，那么我们就一定能够在某一方面有所成就。所以，我们要在内心中不断鼓励自己，相信自己能够获得成功。

在田径赛场上，谁的速度更快，谁就能最终站到领奖台的最高处。因此，在体能方面有很大优势的黑人选手就成了比赛中的焦点，而且很多国家也确实是让黑人选手作为代表参加比赛的。也许在某些方面我们确实没有竞争对手高超，但是这却不能成为我们无法超越他们的借口，也不应该成为影响我们超越和追赶他们的原因。

2004 年，在雅典奥运会上，刘翔以 12 秒 91 的速度战胜了对手，夺得了 110 米栏的奥运冠军。刘翔的成功，彻底推翻了“田径赛场就是黑人选手的赛场”这一论断。刘翔的成功，在于他的努力，在于他付出的汗水，更在于他不给自己找借口、奋起直追、永不言弃的精神。

当我们在工作中遇到困难时，不应该为自己寻找各种理由，更不能产生自卑的心理，而应该相信“别人能行，我也行”这句话，积极鼓励自己，向成功不断发起冲击，那样才有可能获得最终的成功，即使最后无法达到预期的目标，也是虽败犹荣。

二、合理激励制度更能激发执行热情

◎激励制度合理，员工潜力无限大

来自英国的组织理论专家里扬曾说过:“员工的潜在能力总是一贯超过其授权人预期的。”也就是说，员工在被任命执行的过程中，其实际的能力总是高于领导授权给他们的工作和责任。而员工绝大多数的潜力并没有发挥出来，这对员工自身和企业而言，无疑是一种潜能的巨大浪费。

国外一名人力资源专家调查表明，通常情况下，一个员工被利用起来的潜力只有其真实能力的50%。可见，管理者要想提升执行力，获得结果，不一定要片面地追求执行者的数量，而是要更加注重员工的质量，通过合理的激励制度开发员工的潜力，避免造成“工作疲劳”和“惰性泛滥”。

然而，想要激励、挖掘员工的潜能，并非简单地让员工加班加点工作就能做到，而是要以如下三大激励原则为基础，合理激励才能有效开发员工潜力，点燃其执行的欲望。

1. 发自内心的赏识

在字典中，赏识一词的正解是:“认识他人的才能并给予重视或赞扬，以调动其积极性，使其生理和心理产生愉悦和快感。”

通俗地讲，就是让一个人做起事情来特有劲头。

某企业的质检员金林，在工作中总是丢三落四，不是漏检就是检错，常常因他导致执行上的失误，甚至因为他的一时疏忽造成机械故障。

经了解，金林的直接上司张主管发现他虽然质检能力不佳，但他对身边的同事十分热情，并乐于帮助所有同事解决问题。

于是，在一天午休时，张主管和金林谈天时说："小林啊，我发现你这个人非常乐于助人，这点我很欣赏。我明白，每个员工都有自己的难处，为了利益明争暗斗，真正像你这样真心助人的员工已经很少了。我相信，在执行任务时，你要是能再细心一些就更完美了，我帮你报了一个员工技术培训班，好好学，一定会评为年度优秀员工。"说着，张主管还给了金林一个肯定的眼神。

金林感到备受领导重视，为了不辜负张主管对自己的期望，他积极地参与技术培训班，提升了质检技能。培训回来后，金林在质检环节再也没有出现过差错，还积极向工友解答各种技术知识，在年终大会上被评选为年度优秀员工。

通过这个小故事，我们可以切身感受到"赏识"的魅力。

其实，大部分员工之所以挖掘不到自身潜力，是因为他们看不到自己最基础的优点。如果管理者善于捕捉员工身上的这些小细节，并将其放大，激励员工拼搏进取，员工就会在不知不觉中改掉陋习，发挥出更大潜力。

想要做到发自内心地赏识员工，就要了解员工。

管理者应经常深入现场，通过到基层观察，及时发现员工的优缺点。发自内心地赞赏员工的优点，顺带提出自己寄予员工的厚望，让他了解自己的上司在随时关注着自己的表现，激励其潜移默化中作出更好的表现。

2. 尊重并信任员工

尊重和信任都是双向的。既包括员工对管理者，也包括管理者对员工的尊重与信任。

如果说尊重是聘请员工为你工作的基础，那么信任则是让员工对企业有依赖感的保障。

在尊重与信任上下工夫，通常体现在执行中微不足道的小细节上。每一个小细节犹如系在管理者和员工之间的纽带。

金融危机当头，某企业为了让员工团结一致，凝聚所有力量应对危机。该企业领导针对每个部门的特色开展了一系列活动。

A部门开展“帮扶”活动，由于A部门的新晋员工较多，采取以老带新，互相结对的方式，形成10对帮扶组，一对一有效解决了员工的实际工作难题，并使之在执行中更加重视合作。

B部门开展创“实干”活动，由于B部门多是些报告总结的文书工作。于是，领导要求员工深入现场管理，体验生产过程，在执行过程中起带头作用。

比起严厉的说教与斥责，通过开展有特色的活动，让员工通过实际活动改善工作，解决难题，提升自我，更能让员工感受到自己被领导尊重和信任，也正因如此，员工才更有动力做得更好。

另外，管理者还可以为员工创造和谐的工作氛围。和谐，不仅包括员工的工作环境，还包括其生活环境。所谓和谐，实则体现了“以人为本”，融洽的人际关系铸就和谐团队。因此，尊重与信任的另一层面，需要管理者切实关心员工的工作和生活。例如，保护员工的合法权益、协助员工改善生活条件，当工作与生活和谐统一的时候，他们才有更多心情和精力投入执行中，提升团队的执行效率。

3. 按“需”激励

激励员工，无论是锦上添花还是雪中送炭，都要送其所需。这样，团队才能成其所愿。

根据斯金纳的“强化理论”，企业需要通过激励（包括正向激励与反向激励）强化公司需要员工重复做的事情，弱化公司不希望员工做的事情。

管理者要明白，所有的激励措施，都是针对被激励者内心的需求。否则，激励效果与目的的背离就必然会发生。所以，这里需要强调“激励需求”，以满足需求的出发点去做激励，以求对症下药、雪中送炭，达事半功倍的效果。

有“全球大型家电第一品牌”之称的海尔企业，便是通过满足员工的需求来达到激励的目的。

在张瑞敏看来，要想让员工为企业拼命，企业就得付出，主动为员工考虑他们的需要，包括个人的特殊需要。

张瑞敏常常对其高层领导提出人的四大需求特性：

1. 具有个体差异性；

2. 具有生理与情趣完整性；

3. 需要即时激励；

4. 追求个人价值的实现。

从那时起，通过满足员工的需求以调动员工的积极性就成了海尔管理的一大特色。例如，表扬文化、明确的奖励和惩罚制度等等。

很多人不解，不是要激励员工吗？怎么还来惩罚？

张瑞敏解释道：“很简单，在我们这里，你干好了，就会获得尊重与正面的激励。相反，干得不好，就会受到负面的激励，也就是所谓的惩罚。让你为自己的错误付出一点代价，才能保证下次不再犯。”

不管是哪种意义或形式上的激励，都无疑是有效管理的源泉。

以“满足激励需求”的思想去考虑如何激励员工，本质上是要首先研究员工的工作动机，了解知识型员工的生理、心理等方面需求，然后设定满足其需求的方式。

当然，对激励措施的实施过程要进行全程的监控与评估，并形成给予方与接收方的良性互动，适当调整激励方案，才能达成激励的初始目的。

总之，合理地激励员工，不仅是在肯定员工行为与绩效，也是以这种形式固化企业执行文化的各种载体与企业所倡导企业价值观之间的联系。从而整合员工的思想与公司的价值观、引导员工的行为，进而提高执行力，获得结果。

◎高效激励的几种模式

一个老农夫骑驴去赶集，可是驴很倔，走一小段路就停下来不肯走，于是农夫就给驴喂点青草，驴吃了草之后，就又开始跑起来。这样走走停停，在路上耗费了很长时间。赶集回来的时候，老农夫觉得不能再这样走了，否则回到家就很晚了。于是他想了一个办法，在一根长棍子上绑了一大把青草，他拿着棍子，坐在驴背上，让青草悬于驴子的头前面。为了吃到眼前的青草，毛驴就不断地向前跑，没过多久，老农夫就到家了。到家后，老农夫才把棍子上的青草摘下来喂给了毛驴。

从上面的故事中我们能够看出，一个懂得管理企业，使企业富有执行力的企业管理者，必须懂得如何激励企业员工，只有充分激发了企业员工的工作积极性，才能使他们主动、高效地完成工作。

除了在前面我们讲过的企业激励制度之外，企业管理者还应该掌握下面几种高效的激励模式，以充分激励员工的工作积极性。

模式一：自激激励

如果员工自己不想工作，那么再好的激励制度都无法保证他们的工作效率，因此，企业管理者有必要采取“自激激励”的模式帮助员工提高工作积极性。这种激励模式能够让企业员工充分认识到工作的乐趣，或是能够满足他们的某些欲望，让他们对未来的工作抱有希望。

为了有效激励员工，充分激发他们的工作潜能，麦当劳公司制订这样的规定：凡是麦当劳的员工，在工作 7 到 14 个月之后，只要工作表现出色、工作效率高，都有机会升职成为经理助理，帮助经理处理事务，成为管理层员工，而那些表现优秀的助理则有希望被提升为经理。同时，如果经理之类的中高层管理人员想要得到提升，就必须培养出合格的接班人。

麦当劳公司的这种激励员工的模式有两个明显的优点：

首先，使企业的基层员工看到了晋升的希望和工作发展空间，使他们明白，只要自己付出足够多的努力，就可以实现自己的愿望。这种方式极大地激发了基层员工的工作热情和兴趣，提升了他们的工作效率，同时，又能够为公司培养更多优秀的人才。

其次，对公司中高层管理人员的激励方式，也保证了他们不会为了自己的前途而放弃公司的利益，使他们能够尽全力去栽培未来的接班人。

麦当劳公司的这种激励模式，不仅将每一级员工的潜能和优秀之处都挖掘了出来，还使他们都得到了最好的锻炼和培训。这种自激激励的模式，就像是叮在牛身上的牛虻，虽然不会将牛咬得鲜血淋漓，却可以让牛奋力前冲。

模式二：各取所需

人和人的需求是不同的，有的人想要钱，有的人想要名，有的人想要权……企业管理者要想留住人才，充分激励他们的工作积极性，就要根据不同员工的需求，根据“自助式福利”的原则，制订一种“各取所需”的激励模式。

某外资企业的总经理在招聘员工时采用了这样一种模式：在招聘之初，就根据个人的偏好让他们自行选取在企业中未来的发展方向。比如，想赚更多钱的，可以留销售部门，想过安逸生活的，可以留在企业内部等。

这种招聘方式吸引了大量优秀的人才，然后该公司再进行筛选，留下了那些能够帮助企业发展的员工，并对他们进行相关培训，更好地挖掘出他们的工作积极性和潜力。由于本身的意愿，再加上企业的培训，这些员工对企业的贡献度大大提升。

这种激励模式之所以能够对企业员工起到很好的激励作用，是因为随着现代市场经济的发展，企业员工对工作和生活的需求不再单一化，而是向多极化发展。因此，那些只靠单一的福利模式对员工进行激励的方式已经过时，不能再产生应有的效果。

所以，为了适应这种市场经济发展的潮流，企业管理者必须要学会与时俱进，针对企业中所有有才能员工的多元化需求，建立起一种能够激发员工工作积极性和潜能的激励模式。

模式三：情感激励

人与动物的不同之处在于，我们是有感情的生物。因此，为了激发企业员工的工作激情和潜力，不仅要给予他们物质方面的激励，还应该给予他们精神方面的激励，也就是要满足他们内心的情感需求。

某企业的团队执行能力非常强，而且员工也都非常卖力，在不到两年的时间，就从一家小型企业发展成了一家大型企业。对于这样的创业奇迹，该企业的老板在接受记者采访时说出了他成功的秘诀：将员工当做自己的亲人，关心他们的工作和生活。

无论在工作还是生活中，这位企业老板都给予了员工最大的关怀。在工作中，当员工遇到问题时，他会悉心指导；在生活中，当员工遇到麻烦时，他会第一个伸出援手。而且还时常对基层员工进行慰问、鼓励。在这种充满人文关怀的企业文化中，员工们岂能不用尽全力，以报老板的“知遇之恩”？

如今尽管企业规模扩大了，但是这种企业文化却被保留了下来，而且老板还要求企业各级管理人员也都要以这种模式来激励员工。这正是该企业能够在众多竞争者中脱颖而出的最大秘密。

从这个例子中我们能够看出，企业管理者要想激发员工的工作热情，就要走进他们的内心世界，发自内心地对他们进行关怀与照顾，不是将他们当成“受雇者”，而是要将他们当作“亲人”和“合作者”。这样，通过情感和思想上的沟通与联系，“俘获”员工们的心，调动起他们内心的精神动力，激发他们的工作热情。

模式四："全民皆兵"

在一些企业中，为了让员工全身心地投入到工作中，兢兢业业地工作，企业管理者常常采用这样的方式，即让员工们充分参与到企业重大决策的制订中，鼓励他们提出自己对企业未来发展的想法，并采用那些对企业发展有利的见解。这种激励模式对企业的发展大有裨益。

首先，员工充分参与到企业未来发展规划的制订中，能够使他们觉得自己与管理者站在同样的位置，可以增强他们强烈的自信心和责任心。尤其是他们的建议被采纳后，会使他们获得更大的成就感，而这些都能够加强他们在工作中的执行力。

其次，这种激励模式能够集思广益。很多时候，由于企业管理者不清楚企业的基本情况，因此在制订发展决策时，可能会出现一些偏差。此时，如果能够让基层员工参与其中，就能够得到很多宝贵的意见和建议。同时，也可以增强企业的团队精神和凝聚力。

最后，员工参与到企业决策的制订中，能够加强企业管理者与员工之间的沟通。沟通对于企业发展来说是非常重要的，这种"全民皆兵"的激励模式可以使得双方得到有效沟通，上层管理者也能够通过沟通了解基层员工的想法，并对决策中的细节加以完善。

激励模式是多种多样的，可以主抓一种，也可以多种并行，总之，我们的目的就是充分激发员工的工作热情和他们的潜力，使他们能够为企业的发展贡献出最大的力量。

◎激励的关键在于奖罚公正

威廉·詹姆士是一位管理学方面的专家，他在一次研究中发现：如果企业中的员工没有受到过情感方面的激励，那么他只能发挥自身实力的20% ~ 30%；而一个受到过情感激励的员工，则能够发挥自身 80% ~ 90% 的实力。从这项研究中我们能够看出，企业管理者要想让企业上下一心，为企业发展共同努力奋斗，就必须拥有完善的奖罚激励制度。

那么对于企业来说，是不是拥有一套完善的奖罚激励制度就能够调动员工的积极性了？显然，问题并没有我们想象的那么简单。制度永远都是死的，要想让制度生效，必须采取一些辅助措施。由于奖罚激励制度的本身就是将个人劳动与得到的报酬紧密联系起来，并用合适的手段来将个人能力转化为促进企业发展动力的一种方式，因此，只有做到赏罚分明，严格执行，才能够起到激励、约束员工的作用。否则，则会起到相反的作用，不仅无法提升员工的执行力，反而会降低他们既有的执行力。因此，对于奖罚激励制度来说，管理者只有做到“奖罚公正”，才能够使之生效。

那么，该如何才能做到“奖罚公正”，使这种激励制度生效呢？

1. 企业管理者要将心思用在员工的绩效考核和奖罚制度上

由于绩效考核和奖罚制度关系到员工个人的切身利益，所以，企业内所有的员工都非常关注这一问题。在一个企业中，如果管理者能够处理好绩效考核和奖罚制度两方面的问题，那么企业的员工就能够受到相应的激励，从而为企业发展贡献自己的力量；相反，如果企业绩效考核和奖罚制度出现问题，则会打击员工工作的激情，降低他们的执行力。

小赵所在的公司是一家小型的私人企业，当初之所以选择来这里上班，主要是觉得这里的工作环境很好，而且专业对口。刚开始工作的时候，小赵很卖力，觉得既然做事就要做好，而且只要自己做得好，一定能够在公司出人头地。但是不久小赵就发现，事情远没有自己想象的那么简单。

原来，在这家小型的私人企业中，虽然也有绩效考核和奖罚制度，但遗憾的是，这种制度根本就没有予以实施，只是一种摆设。由于没有约束，公司里的其他员工都很懒散，只有属于自己的工作才会去做，而且做得也不够好，至于别人的工作，他们问都不问。而且更让小赵气愤的是，尽管自己工作很辛苦、做的事情很多，但是到月底发工资的时候，自己竟然和那些不做事的同事拿同样的工资。于是，慢慢的过日子中，小赵的工作积极性也越来越低，执行力也随之下降，因为在他看来，干多干少都拿一样的工资，为什么不让自己轻松点？

从上面的例子我们能够看出，企业绩效考核和奖罚制度的完善与否，将直接影响到员工的工作执行力。而且，这些制度不能只是写在书面上，而应该正式应用于实践当中，那样才能取得好的效果。因此，企业在建立相关奖励制度时，应该将对员工的绩效考核的重视程度上升到一个新的高度，要让员工们看到，企业能够公平、公正地对待他们，只有这样，他们才会努力提升自己的执行力，才会继续为企业的发展效力。

2. 管理者不能只看“表面功夫”，而要深入了解员工的工作

很多企业管理者由于没有深入基层做调查，只在表面上进行观察，所以他们只看到员工的外在表现，就将其看做是他们的实际工作表现，结果对

那些专做表面文章、投机取巧的员工进行奖励，而忽视了踏实肯干、不爱出风头的员工。长此以往，当员工们不能得到公正的待遇时，他们就会产生不满的情绪，觉得在这种不能明辨是非的领导带领下，企业会发展无望，不如尽早离开，另谋出路。显然，这对企业的执行力提升没有丝毫的益处。

另外，还有一些企业的管理者仅凭员工在他们脑中的印象就盲目下结论，对员工进行不公正的奖罚。有些管理者表面鼓励、支持员工们给自己提意见，但是却在暗中毫不客气地打压他们。这些都会挫伤那些踏实工作、敢说心里话的员工的积极性，阻塞企业发展的道路，给企业造成极坏的影响。

李欣是一家合资企业的员工，他为人懒惰，工作不努力，总是以敷衍的态度对待工作，但是他嘴上功夫很厉害，很会溜须拍马、讨好上司，而且他时常在领导面前表现出很卖力工作的样子，所以他很得企业领导的赏识。其他员工则看在眼里，气在心中，但是又不好说什么。

有一天，总经理把李欣叫到办公室，并对他赞赏道："小李，公司能有你这样优秀的员工，是公司的福气啊，你的工作做得非常好，我都看在眼里了。希望你以后能再接再厉，公司是不会亏待你的。"李欣听后，赶紧受宠若惊地说："感谢总经理的夸奖，这都是我分内的事，在您手下工作，即使工作很累我也干得很开心。我会继续尽心尽力地为您和公司出力。"总经理听后也是喜笑颜开。

公司中的其他员工在得知总经理表扬李欣后，都很不服气，因为他们太了解李欣了，知道他是怎样的人。所以，其他员工工作积极性受到很大打击，大家都觉得总经理是一个不明事理的人。

由于受到员工的"蒙骗"，再加上自己也确实失察，该公司总经理的做法难免会让其他员工感到不满。对于员工来说，他们最忌讳受到不公正的待遇，如果企业管理者在激励制度上无法做到奖罚公正，无疑会使员工们的工作态度越来越消极，执行力也会随之下降。美国著名的管理学家拉伯福曾说过："只有在员工的工作表现与奖励制度之间建立起一种正确的连带关系，才能够促进企业组织的正常运作。"因此，作为企业的管理者，在对员工进行考核和提拔时，一定要注重他们实际的工作业绩，而不是看谁表面功夫做得好、谁会溜须拍马。只有给予高效能员工足够的奖励，才能充分调动他们的工作积极性，使企业的业绩更上一层楼。

如果企业管理者无法做到奖罚公正，那么任何完善的激励制度都不会产生实际作用。因此，企业管理者就要一方面执行制度，另一方面充分了解员工的工作成绩，不要有失偏颇，使奖励的对象错了位。只有做好这两点，才能够充分调动员工的工作积极性，为企业培养出更优秀、更有执行力的员工。

三、基于马斯洛需求层次理论的欲望满足

◎需求被满足的员工更有工作热情

在企业中，有些员工像牛一样，需要用"鞭子"不断鞭策才会向前走动，一旦"鞭子"的力量减弱，他们也会停步不前。还有另外一种员工，他们像马一样，即使没有"鞭子"的驱赶，他们也会奋力向前跑。那些需要靠

鞭子驱使才能进步、成长的员工，很难成为企业中的精英员工，也难以成长为商场上的强者。而那些可以自己不断向前发展的员工，则能够在自己的努力下，最终成长为团队精英。

因此，作为一个普通的企业员工，就应该在工作中倾注极大的工作热情，使自己能够在工作中学到东西、磨炼毅力，从而提升自己的执行力，让自己和企业同时获得发展。而作为企业的领导者，就更应该自觉地投入到工作当中，用热情和汗水带领员工们成就一番事业、成就自己。

1. 在工作中投入热情，最终成就自己

要想成就一番事业，就必须在工作中投入极大的热情，那样才会专注于自己的工作，才能有效执行。如果工作时缺乏热情，就像是汽车缺少汽油一样，是无法向前挪动一步的。霍英东是香港著名的商人，他就是一位能够在工作中投入极大热情的人，也正是他的这种工作态度，才成就了最后辉煌的事业。

1953 年 6 月，霍英东在香港创办了自己的公司——霍兴业堂置业有限公司。当时，这家公司的注册资金只有 465 万元，而霍英东正准备以这家公司作为自己打拼的起点，首先他将目光投向了房地产开发上。

20 世纪 50 年代初期，香港的房地产并不是很火，买房的顾客也都是一些富人。为了刺激楼市的销售，一些房地产商采用了一种叫做“分契”的销售方法，即将楼宇契约分开，分层销售楼房。虽然这种方法吸引了很多看楼的市民，但是购买量却很小。

在综合分析了各种因素之后，为了销售自己的楼盘，霍英东想到了一种新的促销方法：编印楼盘说明书，并将其免费送给市民，以提升自己楼

盘的知名度。在楼盘说明书上，霍英东让员工们印上最详细的楼盘情况、价格和交楼日期等，并向顾客广泛分发。虽然在现在的楼盘销售中这种做法已经非常普遍，但是在当时，印发售楼说明书也是一个创举。

为了成功编印第一份售楼说明书，霍英东投入了巨大的工作热情和工作量。他不仅向员工们详细讲解了自己的想法，还亲自找资料，以便于更快完成编印工作。首次进行印刷时，由于第二天就要派上用场，所以霍英东一夜都没休息，亲力亲为，边修改资料，边帮助工人们印刷。霍英东对工作的热情投入最终获得了很好的结果，这种售楼说明书吸引了更多来看楼的市民，为他的楼盘做足了宣传。从此，这种销售方法被其他房地产商广泛应用，成了房地产商推销楼盘的必用手法。

除了编印售楼说明书之外，霍英东还发明了另外一种促销楼盘和加速资金周转的新方法，即我们现在常说的“卖楼花”：将楼盘提前预售，让市民们采用分期付款的方式来购买楼房。这种推销方法的效果也非常好，楼盘开售的第一天，就吸引了大量的市民。而且更关键的是，这种做法能够减轻买家一次性支付所有房款的压力，让那些原来买不起楼房的人也能买房了。这种方法一经公布，整个香港的市民都沸腾了，除了那些富人之外，普通大众也进入购房热潮中，预购的市民一度需要排队等候。

这两种做法为霍英东的公司带来了巨大的经济效益，也为他未来的事业做出了很好的铺垫。可以说，正是由于投入了极大的工作热情，所以才产出了最终的结果。霍英东的成功表明，要想成为时代的领头人，取得比别人更加辉煌的成就，就必须在充分把握市场形势的情况下，确定未来的发展目标，并在工作中投入极大的热情与努力，坚持不懈地干下去。即使在工作中遇到麻烦和阻力，也要想尽办法予以克服，那样才能够取得最后的成功。

2. 满足欲望与要求以提升工作激情

每个人都有欲望、都有需求，员工们为企业卖力，也是为了实现自己的愿望，希望能够从企业中获得什么，也许是金钱，也许是为了自身更好的发展，总之，他们是有所求的，而不是义务为企业劳动的。因此，企业管理者要把握住这一点，想办法满足员工们的欲望和需求，那样才能更有效地激发员工们的工作热情，才能让他们全身心地投入到工作当中，才能使他们为了企业的发展而更加努力地工作，因为他们明白，只有企业取得了发展，他们才能够从中受益。

反之，如果企业领导只是给员工们许下空白的承诺，而不兑现，久而久之，员工们的欲望和需求无法得到满足，他们的工作积极性就会受到很大的打击。缺乏了工作积极性就会缺乏工作热情、缺乏工作热情就会缺乏执行的动力，从而导致不能努力工作。

所以，要想让员工们将热情投入到工作中去，就要想办法满足他们的欲望和需求，一旦他们的要求被满足，他们就会更努力地为企业工作。

◎满足欲望的同时制造欲望——利用欲望价值激发员工

一项管理学的调查显示：能力较弱的员工容易安于现状，对目前的状态比较满意，没有更高的欲望需求；反之，那些能力较强的员工，他们对现状不满意，总想获得更高的发展，因此他们的欲望和需求就非常强烈。

从这项调查中我们能够总结出这样的规律：员工的欲望和需求与他们自身的能力是成正比的，越是有能力的员工，他们的欲求、需求就越高。

在工作中，我们不难发现，很多有能力的员工都不满于现状，他们想得到更高的薪酬或者是更高的职务。为了得到这些东西，他们拼命工作、努力学习，希望通过提高自身的发展来达到那些目标。因此，对于员工们的这种工作动力，作为企业管理者，就应该想办法激发他们对欲望的需求，鼓励他们去追逐自己的欲望，而不应该打消他们的欲望，这样才能够使他们的工作热情持续高涨、才能使他们提升自己的执行力。

1. 企业管理者要懂得为没有目标的员工创造目标

前面提到，很多能力稍弱的员工是没有什么奋斗目标的，他们安于现状，得过且过。显然，这种情况对于企业的发展来说是不利的。所以，为了打破这种困局，企业管理者应该学会给员工们创造一些奋斗的目标，有了奋斗目标，才能激发员工们的工作积极性。

有一位乡下的老农夫，他总是将割来的不太好的草料放到一间小草屋上，然后让牛在地上费力地伸着脖子去吃草屋上的青草。老农夫的这种做法恰好被一位来乡下旅游的游客看到了，这位游客觉得很奇怪，于是便走过去问老农夫：“您为什么不将草放在地上让牛吃呢？这样您也能省力，牛也不用这么费力地伸长脖子去吃。”

老农夫微笑着说：“你不知道，我这次割来的草质量不是很好，如果我把草放到地上让牛去吃，它就会对这堆草毫无兴趣，对它们视而不见。相反，如果我将这些草料放到小屋上面，只能让牛勉强够得着，那么牛就会拼命去吃，直到把这堆草吃完为止。”

游客恍然大悟，充分感受到了老农夫的智慧和良苦用心。

同样是一堆草料，如果放在地上让牛吃，牛就会不屑一顾；如果放在牛刚好能够得到的地方，它们就会努力去吃。从这个故事中我们能够看出，只有让员工们充满欲望、充满追求，才能让他们努力工作、不断进取。所以，作为企业的管理者，就要向这位农夫学习，想办法激起员工的欲望和需求，那样才能让他们充满工作的动力。

2. 为有目标的员工创造更高的目标

有些员工有自己的目标和欲望，但是这些目标和欲望都是一些简单的、小的目标，是他们能够在短期内实现的目标。这样的目标虽然也能够激发员工自己的工作动力，但是由于比较容易实现，所以员工们的工作积极性就不是很高，这在一定程度上妨碍了他们潜力的发挥。人的潜力是无穷尽的，只要往外挤压，总会是有的。所以，要想充分激发员工的潜能，就应该为他们制订更高、更远的目标，激发他们的工作潜力。

为什么同样是汽车销售员，最后只有乔·吉拉德成了销售大师？为什么同样是保险销售员，只有原一平被人们所熟知？为什么同样是创办企业，有的人成了商界巨子，而有些人却一直默默无闻……不是因为什么特别的原因，只是因为那些成功的人追求更高、目标更远。

试想，如果当乔·吉拉德一个月成功销售出 150 辆汽车，将同行们远远抛在身后时，他就此满足，不再追求更高的目标，怎么能够创下月销售 174 辆汽车的记录？如果原一平在获得一点成就之后就自我满足，又怎么能够成长为世界“推销之神”？同样，那些默默无闻的企业，也正是因为他们的管理者和员工都缺乏更高的追求和更远的目标。

3. 目标制订要合理

虽然目标越大、越高远，就越能够激发员工们的工作积极性，但是企业管理者在为企业和员工制订目标时，也要充分考虑企业现状和员工的能力，如果制订出不切实际的目标，反而会令员工无从下手，工作积极性受到打击。

张立是某企业生产部门新上任的主管，整个生产部门的月生产量为25万件产品，如果加班加点，员工们全部开动起来，能够达到30万件的产品生产量，但这已经是极限了。在一次公司的主管会议上，由于对自己的部门不是很了解，再加上想要讨好公司高层领导，张立竟然夸下海口，称自己的生产部门能够达到月生产40万件产品的生产量。恰巧，当时公司有一笔大订单，总经理就要求张立每个月拿出40万件的产品生产量。

当张立将这个工作任务下达到生产部门时，员工们都闹翻了天，因为这样的生产量他们确实做不出来。尽管张立给员工们许诺，达到这个目标就给大家发奖金，但是由于实际生产力的限制，员工们还是没有达到最后的目标。而且由于任务重，很多员工都累得请假休息了，整个生产部门员工们的工作积极性都受到了很大打击。

目标固然要定得高远，但是也应该是员工们通过努力能够实现的目标，如果只是追求高远，而忽视了现状，那么这样的目标就没有存在的价值。

有合适的目标和欲望，才能刺激员工，让他们充满工作的动力，所以，作为企业管理者，要不断地为企业、为员工制订合适的目标，以此提升他们的积极性，提升他们的执行力。

◎请相信，每个人都可以尽职尽责

每一位企业管理者都喜欢那种尽职尽责、爱岗敬业、能自觉遵守公司纪律的员工，因为这样的员工，即使管理者不进行监督，他们也能够坚守岗位，坚持做自己的工作，而且还会尽最大的努力把工作做好。更重要的是，他们会及时接受上级传达的工作，并毫无怨言地马上予以执行，并力求做出令管理者最满意的结果。

诚然，这样的员工是每一位企业管理者都渴望得到的，但是在现实工作中，这样的员工却并不多见，更多的则是一些不能对自己的工作负责的员工。不过好在我们能够通过一些方法来培养员工的责任意识，让他们成为一个能够尽职尽责的员工。为了达到这个目标，企业管理者可以从以下三个方面做起。

1. 管理者将员工看做企业的一分子，也要让员工将自己看做企业的一分子

某连锁超市的董事长在做巡回检查工作的时候，发现一名店员工作非常认真，他不仅对顾客的态度非常热情，而且还主动帮助顾客解决问题、回答他们的咨询。通过了解，董事长知道那位员工是这家店的精英，他工作很努力，顾客们也很喜欢他，在他那里购买的商品要比在其他地方多得多。

于是，这位董事长就问那位员工：“为什么别人时常偷懒，但是你却一直很认真地工作？我发现你的工作态度非常好。”

那位员工答道："顾客是我们的上帝，对他们态度好是应该的。而且在这里工作，我有一种回到家的感觉，这里的店长对我们非常好，他将我们看做亲人。而且我也知道，只有我们超市的整体效益好了，我们的工资才能上涨。我的责任就是为顾客服务，留住顾客，让顾客经常来我们这里消费。"

听到员工这样说，董事长非常高兴，不仅奖励了那位员工，同时也奖励了那家超市的店长。

如果企业管理者能够将员工看做是企业的一员，而不是只把他们当做压榨的对象，那么员工也会对企业抱有感情，并尽职尽责为企业出力；如果员工能够将自己看做是企业的一员，那么他们就会将企业的利益与自己的利益联系起来，也同样会在工作中履行自己的职责，努力将工作做好。

反之，如果管理者对员工不好，那么员工也不会认同企业，那样的话，员工自然也不会尽心尽力地对待工作。

2. 要让员工们明白，对工作负责，就是对他们自己负责

有些员工本身具有非常出众的工作能力，但有时却因为缺乏尽职尽责的工作精神，所以在工作中经常出现一些问题，结果，不仅使企业蒙受损失，也让自己错失很多发展的大好机会。而另外一些员工，他们刚开始在工作中的表现并不出色，但为了改变自己的现状，他们会全身心地投入到工作当中，并想办法把自己的工作做到完美。结果，他们不仅为企业带来了效益，更使得自己在事业上取得很大的成就。

所以，就是为自身着想，员工们也应该尽职尽责地工作。因此，第二种提高员工责任意识的方法是让他们明白，对工作负责，就是对自己负责。

唐骏刚进入微软工作时，只是一名最基层的程序编写员，在微软成千

上万的员工中极普通。当时，微软公司正在开发 Windows 操作系统，要先做出英文版，然后再研发成其他语言版本，并向全世界推广。开发一个操作系统是一件非常烦琐的工作，在研发中文版本时，作为程序员的唐骏，在埋头苦干了几个月后，发现这样下去既费力气又会延误商机，而且成本也过高，对公司未来的发展非常不利。于是，唐骏在下班后就经常想如何解决这个问题。

功夫不负有心人，经过长时间的思考，唐骏想出了一个办法。但是为了对工作、对自己负责，他并没有将想法说出来，而是自己先编写运行代码。在经过反复检验后，唐骏发现自己编写的几万行代码能够解决遇到的问题，此时，他才向公司老板说出自己的想法，并将成果拿给老板。

在拿到唐骏的成果后，公司又花了将近 3 个月时间进行认证，并最终证实了他的想法和程序都是可行的。于是，公司管理层将指挥权交给他，让他带领专门的团队进行研发。最后，唐骏凭借自己的能力和对工作尽职尽责的态度，从一个普通的程序员做到了微软中国区总裁的位置，并获得了微软公司颁发的“比尔·盖茨终身成就奖”。

那些对工作尽职尽责、爱岗敬业的员工之所以会获得成功，是因为他们能够在工作过程中不断发掘自身的潜能，并最终获得优异的成绩。而那些得过且过、经常偷懒的员工，即使本身拥有很高的工作能力和水平，如果长时间不努力工作，也终究会变得平庸。因此，无论自己的学识和工作能力怎样，都应该抱有对工作尽职尽责的态度，尽最大的努力将工作做好。长此以往，就会在公司中脱颖而出，成长为一名佼佼者。

从唐骏以及其他一些成功者的成功经历中我们能够看出，员工对工作的尽职尽责，不仅能为企业带来效益，更能为他们自身带来发展。所以，任何一个员工要想获得更高的成就，都必须尽职尽责，在自己的工作岗位上积蓄力量。

3. 相信员工，放手让他们去做

对于员工而言，最大的荣耀莫过于领导对自己的赏识和信任。俗话说，“士为知己者死”，如果企业管理者能够充分信任自己的员工，并放心大胆地将工作交给他们去做，那么他们就会感受到那份“知遇之恩”，也就会在工作中尽职尽责，努力提升业绩，来回报领导的信任和赏识。

反之，如果企业管理者经常对员工抱有怀疑态度，并且不相信他们能够做好自己的工作，那么员工的工作积极性就会受到打击，自然也就不会对工作负责。在这种恶性循环下，管理者和员工之间的矛盾会越来越大，给企业的生存和发展带来极其不好的影响。

所以，员工想要成长为值得领导信赖的人，就要在工作岗位上尽职尽责，努力做好自己的工作；而领导若想让员工们爱岗敬业、尽职尽责，就要对他们保有信任的态度，放心地将工作交给他们去做。

忠于职守、尽职尽责，是每一位员工都要遵守的职业操守，而这也是企业管理者评判员工好坏的最重要的标准。同时，这种尽职尽责的态度，也是每个人通向成功的必经之路，是他们获得成功的机会。成功人士都有共同的特点，那就是永远充满激情，对待工作一丝不苟，具有高度的责任心。所以，无论从事什么工作，都应该尽职尽责，不仅为了企业的发展，更为了自身的进步。

第四章

法则 2:

配置执行资源，保证行动有效

一、资源转化器：企业生命体的本质

◎点检资源，配置资源

再好的厨师，在做菜的时候也需要材料，那些材料就是他的资源。同样，再优秀的企业管理者，如果没有资源，也难以带领企业实现发展。因此，企业的资源是整个企业发展的命脉，只有利用好这些资源，才能令企业在市场竞争中获胜。

企业资源包括很多方面，如资金、人才、设备、人脉等，一个拥有强大执行力的企业管理者，能够充分调配这些资源，将其用到能够发挥出最大效力的地方。因此，企业管理者就像是一个“资源转化器”——通过执行将资源变为企业的利益。那么，企业管理者该如何执行，才能利用好那些资源，实现企业发展呢？认为可以从以下两个方面对企业资源加以利用。

1. 充分了解自己企业的实力，掌握可利用的资源

企业资源是企业实力的表现，拥有雄厚资源的企业自然也能在市场竞争中取得最大的优势。企业管理者要想利用好这些资源，首先要充分了解企业的实力，掌握企业中哪些资源是可利用的。这样做有两个方面的好处：

一方面能够了解企业的整体实力，明白哪些事情可以做、哪些事情不能做。如果不清楚企业实力，与客户签下订单，到最后却又无法完成，那么双方都会蒙受损失，并且自己的企业在信誉方面也会有所损害，给顾客造成“不可信”的形象。

另一方面，企业中的有些资源并不是在表面上的、一眼就能看到的，而是隐性的、不容易被发现的。虽然这些资源是隐性的，但是它们却能够在市场竞争中发挥出意想不到作用。如果不能充分了解企业，就可能会忽视了这些隐性资源，而这对于企业来说，无疑是一种重大的损失。毕竟在市场竞争中，企业之间会使用各种手段以达到战胜对手的目的。

孙经理是某广告公司企划部的部门经理，在负责一件广告招标的事情时遇到了麻烦。广告招标原本是一件公平的事情，谁的策划好，客户就用谁的案子，但是，他听说竞争对手与那位负责招标的客户经理是同学，而且对方已经内定了竞争对手的预案。

在竞标的前两天，董事长问孙经理对竞标有没有信心，苦恼的孙经理就将整件事情告诉了董事长。董事长听后对孙经理说：“单说工作方面的事情，你对自己的预案有没有信心？”

孙经理点点头，肯定地说：“如果是公平竞标的话，咱们的预案肯定没问题，只是……”

董事长笑着说：“只要预案没问题就行，你好好准备竞标的事情，其他方面就不用管了。”

得到董事长的鼓励后，孙经理就开始积极准备竞标的事情，但是他心中还是有些疑问，他不明白为什么董事长那么有信心。

竞标当天，孙经理发现负责招标的工作人员不是原来的人了，而是换了其他人。在公平竞争下，孙经理的预案获得了通过。但是孙经理却有个疑问：为什么对方换了招标负责人？百思不得其解之下，孙经理向董事长请教。

随后，董事长告诉了孙经理原因：原来，董事长认识一个朋友，恰好也是招标公司总经理的朋友，为了达到公平竞争的目的，董事长通过朋友约谈了对方的总经理，并告诉他事情的来龙去脉。那位总经理知道后，马上回去进行调查，发现原来负责招标的工作人员果然有作弊嫌疑，而且在中间收取了很多“好处费”。于是，对方的总经理马上辞退了原来负责招标的工作人员，重新进行了任命。这才有了后面的事情。

从上面的故事中我们能够看出，对于企业来说，无论是明显的、可以直接利用的资源还是隐性的资源，只要能够帮助企业实现发展的目的，就都属于企业的可用资源。作为企业管理者，只有充分掌握了这些资源，才能将其利用。

2. 好钢用在刀刃上，合理配置资源

在掌握了企业的整体资源之后，要想让它们发挥出最大的效力，就必须做好资源配置方面的工作，将“好钢”用到刀刃上。否则，如果将一些宝贵的资源用到一些微不足道的小事上，就是“大炮打蚊子”——大材小用了。所以，能否做到合理配置资源，也是企业管理者执行力的一种重要体现。

小张是计算机专业的硕士，在一家大型公司进行应聘时，被分配到科技研发部门工作。虽然专业对口，但是小张工作得却并不高兴，因为他不善于搞科研，反而对管理方面有很大兴趣。不过好在没多久，研发部门的

经理就发现了小张的特点：他发现小张虽然进公司以来并没有研发出新的科技成果，但是在人事管理方面却很有天分，因为部门的一些研发工作都是在他的带领下完成的，他似乎有一种天生的亲和力，同事们和他的关系都很好。

发现这一点后，部门经理觉得让小张继续留在原岗位就是浪费人才，于是他向总经理推荐了小张。此时恰好总经理缺少一个助理，于是就任命小张为自己的助理。

坐上总经理助理位置的小张终于找到了适合自己的工作，工作起来如鱼得水，而且在工作中也更加用心。同时，总经理也觉得小张的工作做得很好，他也很庆幸自己没有错失人才。

试想，如果研发部门的经理没有发现小张的才能，或者是总经理没有合理配置资源的意识，那么小张现在也许还是一名没有大作为的研发人员，而公司也将缺少一位优秀的助理人员。

从故事中我们能够看出，只有将资源用到最合适的地方，才能发挥它们最大的效力，才能做到不浪费资源，这对于企业和个人来说，都有好处。

所以，一位拥有强大执行力、懂得执行的企业管理者，不仅能够充分掌握企业的可用资源，还能够对其进行合理配置，将它们用到该用的地方，以充分发挥它们的作用，为企业发展提供动力。

◎要求执行需要的资源：有来源（制度），有去处（用途）

一个懂得执行的企业管理者，不仅要能够了解企业的资源、善于利用资源，更能够合理利用资源，不会对其有丝毫的浪费。对于懂得执行的管理者来说，他们对于企业资源的态度不是任其“来去自如、来去无踪”，而是“来去有数、来去有度”，也就是说，他们明白资源的来龙去脉，知道它们来自哪里，被用到哪里。那么，该如何做到对企业资源的合理利用和有效管理，就成为每一位企业管理者所关注的问题。

1. 依靠管理制度，明确企业资源所在

当我们在执行任务时，就要用到企业的资源。比如搞研发，就要用到企业的科研人员、用到企业的技术；做生产，就要用到企业的设备和生产工艺；做管理，就要用到企业的管理制度和管理人才……总之，在执行过程中，企业资源是常随我们左右的。因此，为了达到顺利执行的目的，我们需要了解所用的资源从哪里来，这样才能在用它们的时候，正确、便捷地找到它们，并加以利用。

对于企业而言，一套合理、完善的管理制度不仅能够保证企业资源的合理配置，也能够让执行者在用到资源的时候，快速、高效地获取资源，以达到执行的目的。反之，如果企业管理制度不合理，那么在资源配置方面就会出现问题，导致员工的任务不能顺利执行。

某公司由于业务量增加，客户的订单也越来越多。为了满足客户对产品的要求，生产部门的王主管向公司高层领导提议引进新的生产设备，以提高生产效率。公司高层很快批准了生产主管的建议，并将这件事情交给他处理。

在接到任务之后，王主管马上行动起来，到各地联系设备卖家。恰巧，这时有一家企业倒闭，便宜转让设备，而这些设备正是王主管需要的。于

是，他亲自跑去验货，并与对方谈判，在一切都谈妥之后，王主管向公司财务部门申请购买设备的资金。没想到在其他地方都很顺利的工作，却在这里卡壳了。原来，该公司有一个规定：凡是资金数目达到某一数额之后，就需要通过一套烦琐的程序，才能从公司内部提取款项。

于是王主管又开始在公司内部办理各种手续，等他一切都办好了，能够提取购买资金的时候，对方告诉他，由于急用钱，已经将设备转让给别人了。王主管所在的公司，也因此失去了一个好机会。

从例子中我们能够看出，正是由于制度不合理，所以员工在执行任务用到资源的时候，无法提取资源，最终给企业带来损失。企业的管理制度不仅管人，而且管事、管资源，如果管理制度不合理，一方面会造成企业资源的浪费，另一方面也会令员工在执行任务时无法得到资源保障。没有粮草，军队难以打胜仗，同样，缺少了资源的支持，员工们也无法顺利执行任务并取得想要的结果。所以，要建立合理的管理制度，让员工们在用到资源的时候有路可循。

2. 了解资源的用途，明确企业资源的去处

在从企业获取资源、利用资源的时候，我们要想好两个问题，一个是“为什么要用这些资源”，另一个是“用这些资源能否产出想要的结果”。只有考虑清楚了这两个问题，才能够选取合适的资源，同时明白这些资源用到哪些地方，否则，很容易造成资源的浪费。

为了鼓励员工们进行产品创新，某大型科技公司内部设有专门的“科技研发室”，这是一个公共的研发平台，任何一位对公司产品有创新想法的员工都可以去里面拿取用于研发的材料，但是需要做记录，需要写明用这

些材料做什么东西，以及领取了多少材料。在公司提供的这一自由研发平台的帮助下，该公司内部的所有员工都是“小发明家”，他们的想法和设计极大地改善了公司产品质量，使该公司在同行面前长时间占据“第一”的位置。

在美慕这家公司取得成就的同时，很多同行企业也纷纷效仿这一做法，但是最后却以失败告终。原来，由于相关的管理制度不合理，他们只是做表面功夫，虽然也能够提供研发平台，但是在监管方面做得不到位，很多员工都从企业偷取研发用的材料，造成了资源的浪费。还有一些企业虽然管得很严，但是却不限制员工们的行动，很多员工没有想好就动手做，那样自然也不会做出成果，所以也浪费了很多资源。因此，这些企业在做了一段时间后就都自动放弃了。

从上面例子中我们能够看出，如果执行者无法明确资源的去处，也就是不知道那些资源能够产生什么效果，那么他们对资源的利用就是盲目的利用，而盲目利用资源就会造成资源的大量浪费，这种情况对于企业来说，是一种巨大的损失。对于执行者来说，浪费资源就是执行能力低下的表现。

所以，我们在执行任务时，要明确所用的资源能够产生什么效果，同时根据最后想要的结果来选取资源，那样才能合理利用资源，达到不浪费资源的目的。这也是执行能力的一种重要体现。

◎切忌贪欲，够用就好

也许对于企业而言，资源越多越好，因为企业资源越多、越雄厚，就越能证明这个企业有实力、有竞争力。但是如果只是执行某个任务的话，资源够用就行了，如果贪多，反而可能会出现问题，不能保证执行的最终结果。

1.“兵贵精而不贵多”，资源过多会造成浪费，也会带来不必要的麻烦

在执行的过程中，我们会用到公司的一些资源。有人觉得，兵多就能打胜仗，资源多也就能够更好地完成任务。然而事实却并非如此，善于用兵的人都知道“兵贵精而不贵多”这一至理名言，同样，在善于执行的人的眼中，资源也不是越多越好，只要那些对自己有用的资源、只要能够完成任务就行，资源太多，反而会造成浪费，甚至带来不必要的麻烦。

小张是某广告公司的设计员，最近，她接到了上司的一项任务：帮助某企业设计一个商标。在了解了该企业的具体信息后，小张开始收集关于这方面的材料，以便于设计出令客户满意的作品。

收集好材料后，小张陷入了困境。原来，为了做好这项工作，她收集的相关材料实在太多了，而且在她看来，这些材料都与客户的企业有关联，任何一种材料都能够设计出相应的商标。到底该用哪一种材料、设计哪种商标？小张陷入自己想法的困境中无法自拔。

然而，时间不等人，完成任务的期限马上就要到了，小张还没有清晰的思路。最后，在上司的一再催促下，小张草率地做出了一个商标。由于制作的时间仓促，产品做得很粗糙，在第一轮竞争中就被对手淘汰了，而小张也因此被扣了工资。

如果只是收集一些相关的资料，然后加入自己的设计思路和想法，小

张也能够设计出更好的商标，但正是由于可利用的资源太多了，她反而陷入了思维困境，不知道该选用哪种合适。由于不能理智地取舍资源，小张得到最后的结果也在情理之中了。所以，对于资源的选取，我们应该找那些对执行任务有用的资源，而不是无节制地大量选取资源，那样反而会起到相反的作用。

2. 资源利用在于是否合理，不在于多寡

懂得执行的人必定懂得善于利用资源，在他们眼中，资源不一定要多，只要有用就行，而且他们能够通过合理的搭配，使有限的资源发挥出无限的作用。相反，那些缺乏执行力的人，即使给他们再多的资源，他们也无法发挥出资源的作用。所以，对资源的利用，不在于多寡，而在于能否合理利用。

一位高明的猎人在打猎的时候，只会携带弓箭和一把短刀，弓箭用来射杀猎物，而短刀则用来剥皮、分割猎物。除了这两样东西，他们不会带别的工具，因为他们明白，要想完成打猎的任务，弓箭和短刀就足够了，如果带多了其他工具，反而会成为一种累赘，影响打猎的效果。

一个优秀的厨师，在做菜时，只会选择对这道菜有用的材料。如果他们要做麻婆豆腐，那么他们绝对不会对鱼翅、燕窝这些名贵的食材多看一眼，因为这些材料虽然珍贵，却不是他们完成任务的有用资源。同时，为了做出好吃的麻婆豆腐，他们还要按照一定的顺序向锅里放食材，而不是一股脑地将材料全部放到锅里。

同样，在执行工作中，资源的多少并不能决定最后的结果与质量，只有将有用的资源合理利用，才能达到想要的目标，才能完成执行。因此，在执行的过程中，不要贪图过多的资源，只要够用就好，关键要在如何利用这些资源上下工夫，只要能够将够用的资源充分利用起来，就能很好地完成任务。

二、制度是最大的资源

◎建立规则，依法办事

中国有句古话：“无规矩，不成方圆。”也就是说，如果人类社会缺乏规则与制度的约束，那么人们将陷入混乱之中。同样，在企业管理中，合理的规章制度也能够起到管理员工、约束员工、激励员工的作用，并给企业带来更高的经济效益。所以，对于企业来说，规章制度也是一种资源，如果能够充分、合理地利用这种资源，那么对于提高员工的执行力、提升企业业绩将会是一种极大的助力。

1. 合理的规章制度，能成为企业发展的资源

企业规章制度的存在，能够起到两方面的作用：一方面能够约束员工，规定他们能够做什么，不能做什么；另一方面则能够激励员工，激发他们的工作积极性，提升他们的执行能力。因此，如果企业的规章制度合理，那么就能够起到正面作用；反之，不合理的规章制度会成为妨碍企业发展的因素。

20 世纪 60 年代后期，汽车已经进入了美国的千家万户，为了提高驾驶员的行车安全性，美国国会通过立法规定：任何汽车厂商生产的汽车都要配备安全带，而且驾驶员在驾车过程中，必须系好安全带，否则就要受到处罚。这项法律的制定，改变了人们的生活。据一项调查显示，自这项法律实施之后，最显著的结果是驾驶员死亡率变化很小，但是行人的死亡率却显著上升。

原来，这项法律的实施，降低了驾驶员面临的生命危险，因此他们更加放心大胆地开车，结果这项法律虽然减少了每次车祸的死亡人数，却增加了车祸次数，导致了行人的安全性大大降低。

对于这种情况的产生，经济学家给出的结论是：规章制度会对人们产生激励作用，从而促使人们产生不同的反应。基于这一点，当企业管理者在为企业制订制度之前，要充分考虑可能带来的结果。如果这种结果有益于企业的发展，那么我们就制订这样的制度；如果某种制度会引起员工的过激反应，降低了他们对工作的积极性和热情，那么这种制度就是妨碍企业发展的，就应该废除或作出相应的改变，直到适合企业发展为止。

为了提高工作质量和效率，某网络公司要求员工们必须在上午 8 点之前到达公司。本来这种制度在很多公司都有，大家也都习以为常，但是对于这家网络公司却不同，因为员工的很多网站更新工作都需要在凌晨完成，如果第二天还要在 8 点赶到公司上班，怎么会有工作激情？所以，在这种制度实行之后，虽然员工们也都能够按时赶到公司上班，但是很多员工都会在工作时间睡觉，不仅没有提高工作效率，反而使正常的工作受到影响。

公司领导在明白了事情的原委之后，及时作出了调整，规定那些需要在凌晨更新的员工可以到下午再来上班，而其他员工则依旧要在上午8点之前赶到公司。制度改动之后，受到了员工们的热烈欢迎，因为这种制度确实适合他们的工作现状。而同时，企业也得到了收益，不仅提升了员工们的执行力，更为企业带来更多效益。

由于工作方式和工作任务不同，所以不同的公司会有不同的管理方式，企业管理者应该根据自己公司的实际情况制订相应的规章制度，那样才能够满足员工的要求，同时提升企业的效益。如果只是生搬硬套，一味效仿他人，反而可能弄巧成拙。因此，只有制订合理的企业制度，才能够起到激励员工、约束员工的作用，才能使制度成为公司发展的资源。

2. 建立制度后，就要按照规定做事、依法办事

制度制订好以后，就要以此为依据，严格按照制度做事，那样才能够发挥出制度应有的作用。如果有制度却又不能将之运用到实际工作管理中，那么这样的制度就是一纸空文，毫无作用。

某企业中有规定，凡是迟到早退者，都要给予一定的罚款。但是该制度自实行以来，在生产部门中从来都没有落实。原来，生产部门的主管是该企业总经理的侄子，他从来没有遵守过这条规定，工作时间也总是迟到早退，而且还没有受到过处罚。在他的影响下，整个生产部门的工作风气一直不好，企业的生产效率低下，员工们也缺乏工作积极性。

本来是为了提高员工执行力的一条规定，结果反而降低了他们的工作积极性。之所以会出现这样的情况，就是因为企业的规章制度在制订之后无法落实到实际工作中，最终沦为一纸空文，没有起到任何作用。因此，当管理者制订相应的制度之后，就应该严格按照规定执行，无论违反规定的是谁，都应该给予相应的处罚，即使是管理者本人，也不应该例外。

三国时期，曹操在一次领兵打仗时，路过一片即将成熟的麦田。为了保护百姓的财产，曹操规定，所有的士兵都不能践踏一株庄稼，违令者斩。在曹操的严令之下，士兵们都小心翼翼地从麦田的空隙中走过，并没有践踏一点庄稼。曹操骑马走的时候，忽然从麦田里飞起一只鸟儿，曹操的坐骑受惊，在麦田中狂跑，踩踏了一大片麦子。由于自己下了严令，为了维护命令的有效性，曹操准备自杀以正军法。在众多将军的劝说之下，曹操没有自杀，但是却用剑割下自己的一缕头发，以此来表示自己对军法的遵守。这就是成语“割发代首”的由来，曹操也因为这种做法获得了民众的广泛支持。

从故事中我们能够看出，如果企业管理者能够严格按照规章制度做事，即使自己触犯了规则，也要受到相应的处罚，那么企业中将没有“特例”的存在，企业的制度也就能够顺利施行。因此，在对企业制度的执行过程中，一定要防止“特例”的出现，否则就会使制度失去相应的效力。

适合企业发展的制度是企业最大的资源，如果能够充分利用，那么对于员工执行力的提升和企业的发展，都将是一种强大的助推力。所以，企业管理者要为企业制订合理的规章制度，并落实到实际工作中，充分发挥它们的作用。

◎明确流程，用流程解放管理成本

随着科技的进步、管理方法的增多，在现代化企业管理中产生了一种新的管理方法，那就是流程化管理。与分工管理方式不同的是，流程化管理能够通过对具体情况的分析和对资源的优化配置，最终实现业务的规范化，以此来提高员工的执行力和企业的经济效益。因此，如果在企业中实行流程化管理，将会大大降低管理成本，解放管理者。

1. 流程管理能够解放管理成本、促进企业发展

虽然“各司其职”的分工管理方法曾经盛行一时，但是随着科学技术的发展、顾客对于产品的个性化要求增多等，企业那种庞大的组织分工不仅无法为企业提升工作效率，反而耗费了企业众多的资源，阻碍了企业的正常发展。而流程管理方法却能够借助科技的力量来解决这些问题，达到解放管理成本的目的。

传统的分工管理方法是以这样的概念为前提的：分工越细，则操作越简单，越有利于工作效率的提高。这种管理方式曾在20世纪70年代到80年代之间被大量企业所采用。但是在现代社会中，一方面，企业经营多元化发展的步伐越来越快，产品的生产过程越来越复杂，如果此时还要片面地追求精细分工、强调专业化，则会使企业的分工越来越复杂、管理环节越来越多，管理成本也会随之增加。这样也就致使整个企业的生产效率低下，违背了分工管理的初衷。另一方面，随着高科技的发展，简化管理环节也已经成为可能，尤其是在一些大型企业的厂房中，已经完成了利用计算机编程来控制机器自动生产的目的，在机器的自动运行下，已经能够方便、快捷地完成各种复杂的作业流程。

与此同时，劳动者的素质也大大提高，他们对待工作的主动性和灵活性要远高于以往，不再满足于从事简单、单调、重复性工作，而是倾向于

实现自身更高层次的价值。因此，这也促使企业放弃分工管理方式，采取流程管理。近几年来，流程管理方法不仅被广泛用于学术研究中，而且很多欧美、日本等发达国家的大型企业也开始了这方面的实践，并取得了一定的效果。

对于现代企业来说，流程管理方式更能够节约管理成本、提升员工的执行力和生产力。因此，在企业中实行流程管理，已经成为一种趋势。

2. 企业管理需要按照流程办事

既然采用流程管理的方式，那么在对企业进行管理的过程中，管理者就要严格按照制订的工作流程做事，才能够达到有效管理的目的。

在企业管理中，有一件最让管理者头疼的事情，那就是开会。很多企业的会议召开过程非常混乱，而且效率低下，有时候三两分钟就能交待清楚的事情，发言者却要说上大半个小时，结果却是说的人信口开河，听的人思绪飞扬。因此，往往是召开几个小时的会议，大家争得面红耳赤，最后却没有解决任何实质性的问题。很多企业员工在听到开会时就非常头疼，不愿意参加。

某企业为了彻底解决这一问题，制订了相应的开会流程：

在时间上，要求发言者必须在两分钟之内交代清楚事情，并提出自己的看法；在发言上，要求发言者必须直奔主题，不能“满嘴跑火车”。另外，每次召开会议之前，都必须要制订会议主题，而且在会议过程中，只能讨论与这一主题相关的话题；主持人拥有最高话语权，要及时叫停那些与会议主题无关的话题。会议结束一天内，将会议总结交给会议主持人。

在这种会议流程制订之后，该企业马上予以实施。果然，在工作流程的约束下，会议的召开效果得到极大的提升。

流程管理制度本身是适合现代企业管理的，它本身没有任何错误，而能不能将其运用于企业管理中、能不能发挥出它的作用，关键还在于企业组织能否按照工作流程去执行。如果企业员工能够按照流程做事，那么这种管理制度将发挥出最大的作用；如果工作流程在制订之后，却没有员工遵守，那么它也仅仅只是一种管理方法的名称而已，不会发挥任何作用。

3. 流程管理需要遵守的原则

由于流程管理方式是基于顾客的需求而存在的，因此，要想利用好流程管理这种方法，就需要遵守下面几条原则。

首先，要树立以客户为中心的理念。客户是流程管理的源泉与中心，没有客户存在，流程管理就不能发挥它的作用。因此，我们要将顾客放到最重要的位置。

其次，需要明确制订流程的目的是什么。任何一个工作流程的制订都是为了实现某一目的，只有先明确了最终想要达到的目的，才能够制订出相应的工作流程。

再次，关注结果。我们想要的是结果，而不是流程本身，因此，判断一项工作流程好坏的标准就在于其是否能够实现我们想要的结果。

最后，要不断进行调整。由于顾客的需求是不断变化的，所以，为了满足顾客的需求，我们的工作流程也要不断做出调整，以达到最终想要的目的。而且，我们的组织机构、设施设备、技术与工艺、员工素质、组织效率也在不断地调整、提高，依附于这些实施条件的工作流程也必须随之做出调整。

流程管理方法是非常适合现代化企业管理的，当企业中的所有员工都能够明确流程的各个环节，并严格按照流程做事，那么就能够降低企业的管理成本，为企业带来更多的效益。

◎确立标准，把模糊、歧义与纠纷解决在开端

一只山猪在一棵大树上磨着自己的獠牙。路过的狐狸看到了，就好奇地问山猪："现在既没有猎人追赶，也没有其他任何危险，你为什么还要这么用心地磨牙？不如休息一下。"山猪答道："现在是没什么危险，但是你想，如果一旦危险来临，哪里还有时间磨牙？现在把牙磨利，等到用的时候就不会慌张了。"

这个小故事告诉我们，要想生活得安逸，就要提前做好准备。清代思想家朱用纯曾在《治家格言》中写道："宜未雨而绸缪，毋临渴而掘井。"也告诉我们，对于未来的事情，要早做准备。

在现代企业管理中，我们常常会遇到这样的事情：企业领导在给下属分配任务时，下属们不理解领导任务的内涵，以至于最后任务完成时才发现原来做错了事情；还有些员工由于对事情的看法和标准不一样，所以在执行的过程中有分歧，以至于互相之间不能通力合作，为执行带来困难。

其实，对于这些情况，我们是完全可以避免的。如果我们像故事里的山猪一样，在问题和困难到来之前就做好了防范和准备，那些问题和困难又怎么能够妨碍我们执行呢？因此，企业管理者应该将目光放长远，及早做出防范准备，以迎接可能会到来的困难和问题。

1. 缺乏执行标准，小问题也会带来大麻烦

员工的执行过程是需要标准来进行规范的，否则，如果在执行过程中遇到问题，而执行者又意见不一致时，就容易出现分歧、纠纷，当这种事情发生时，无论是任务本身的完成质量还是员工之间的人际关系，都会受到不好的影响。另外，如果没有标准，员工们也无法明确自己的执行过程和执行结果是否符合要求，会让他们觉得整个过程都是“糊里糊涂”的，这样，他们也无法从中学到任何东西。

小张和小王是某公司的采购员，在一次为公司采购生产材料的过程中，两人发生了分歧。小张的意见是要选质量最好的材料，那样生产的产品质量也会更好，当然，这样会花费更高的采购资金；小王则认为，材料的优劣并不太重要，关键要省钱，因为他们带的资金本来就很少，如果买最贵的材料，根本就买不了多少。

因为这个问题，两人争执了半天，谁也无法说服对方。于是，他们向部门主管打电话该怎么解决这一问题。没想到主管却训了他们一顿，责怪他们连这点小事都办不好，最后说了一句“你们自己看着办”。

听到主管这么说，两人更迷茫了，这一句“看着办”的范围实在是太宽泛了，到底该选择最好的、最贵的，还是应该考虑成本的问题，购买便宜的？不得已之下，两人根据以往的工作经验，采取了“折中”的做法，即购买价格适中、质量也一般的材料。

结果，回到公司之后就出问题了。原来，这批产品是作为“礼物”送给某位大客户的，公司总经理最初的要求是选用最优质的材料，但是由于没有直说，所以部门主管也不知道，更别提小张和小王两个基层采购员了。于是，两人又被派去重新进行了一次采购，而且还不得不延迟

了交货的时间。

从例子中我们能够看到，由于没有确立执行标准，导致两个采购员来回奔波，耗费了公司的资源，而且最终任务的完成质量也不高。如果一开始在传达任务的时候就告诉他们这样的标准，也不至于出现后面的问题。因此可以看出，执行标准的制订，对于执行有着多么重要的作用。

2. 制订明确的执行标准，及早解决问题

很多企业员工在执行过程中遇到的问题，都是由于缺乏执行标准，一旦确立了标准，他们在执行过程中就能有依据和参考，也就能避免问题的产生。所以，执行标准的确立，是一件非常重要的事情。另外，在确定执行标准时，一定要明确，不能模糊，如果标准都是模糊不清的，那么员工们最后执行的结果也不会是清晰的。

麦当劳是全球知名的快餐生产企业，它有自己独特的食材供应标准和供应渠道。每天，大量的鸡肉、牛肉、土豆等食材从全国各地汇聚到麦当劳在北京、上海、广州等6个分发中心，然后再由这些城市分送到全国各地。如此庞大的供应链，麦当劳却做得很完美，极少出现差错，尤其是在食材安全性方面。之所以能够做到这一点，得益于麦当劳的采购、配送流程的标准制订。

麦当劳公司对食材的采购是有严格标准的，比如，它的食材供应商只有 5 家企业，而且这 5 家企业全部都是一级供应商，都是美国企业或有美资背景，这些大型供应商保证了一定的食品安全性。另外，对于食材的采购要求，麦当劳公司制订了“两个标准”：不仅要符合国家的食品安全标准，还必须符合麦当劳公司的食材安全标准。

比如，在牛肉的采购方面，麦当劳规定供应商必须满足五个要求：丰富的牛源、良好的品质、高端冷藏保鲜技术、对牛肉加工人员严格要求以及对饲养过程的记录。只有供应商符合这五个要求，麦当劳公司才会采购他们的产品。

有这两个“标准”进行把关，员工们在采购过程中只要按照标准来就行了：符合标准的留下，不符合标准的不要。有执行标准存在，员工们执行工作的时候自然也就避免了问题与分歧的出现。

执行标准的确立，能够将执行过程中可能出现的“模糊”、“分歧”、“纠纷”这些问题扼杀在开端，让员工们顺利地执行工作任务。正是由于执行标准的存在，才使得麦当劳企业能够长盛不衰，并且发展得越来越好。因此，作为企业的管理者，我们也应该效仿麦当劳公司，在向员工们分配任务之前，先制订一个执行标准，让员工们有参照的对象，那样，他们在执行过程中才能够明白自己做得对不对、好不好，而且在出现差错时，也能够及时改正。

三、任务是一定可以完成的

◎配置资源就是杜绝借口

有一位著名企业管理者曾经说过这样一番话：“喜欢为自己的失败找借

口的员工，永远都难以成长为职场中的佼佼者；一个总是寻找借口的企业，也永远不可能成为杰出的企业。”这番话虽然没有以定律的形式出现在管理学中，但在现代企业管理中，却也是被人们所默认的“定律”。

之所以出现这样的情况，其实也很好理解。那些喜欢给自己找借口的员工，大多是不负责任的人，他们在遇到困难和问题时，不是想办法予以解决，而是推卸责任，寻找借口，不肯努力做事。但是在生活和工作中，我们不可能总是一帆风顺，总会遇到各种各样的问题，如果遇到问题就逃避，又怎么能成为一个成功的人？同样，企业在发展过程中也会遇到多种问题，优秀的企业管理者会想办法解决问题，从而使企业获得发展，平庸的管理者则为企业寻找借口，逃避问题。

因此，一个优秀的、懂得执行的企业管理者，不会为自己找借口，也不会为企业找借口，他们会迎难而上，充分利用企业的资源，做好资源配置，寻找一切办法解决企业发展过程中遇到的难题。一个优秀的员工，也会杜绝借口，想办法提高自己的执行结果。只有在双方通力合作下，企业和个人才能获得最终的发展。

个人与企业发展的机遇并不是单独出现的，它们常常伴随着一定的风险和困难。优秀的员工和杰出的企业领导者在遇到这些有困难的机遇时，也会毫不犹豫地将其抓住，然后承担起相应的责任，想办法克服困难，留住机遇；平庸的员工和管理者则会在困难面前退缩，不敢承担责任，致使机遇也随之溜走。

在改革开放的浪潮下，全国各地的企业如雨后春笋般纷纷建起。但是，由于技术和管理的缺失，这些小企业很快风光不再，濒临倒闭。元氏县化工总厂就是这些濒临倒闭的企业之一。

1989年，褚现英被任命为厂长，承担起了让企业扭亏为盈的重大任务。面对资金短缺、技术匮乏的重大问题，褚现英没有表现出丝毫退缩，而是积极为企业筹措资金、招聘人才、谈项目、购买新设备，并且根据当时的市场需求，集中资源研发出一种新产品——液体氰化钠。在这种新产品研发成功后，企业的发展环境有了明显改善，但是面临的困难还很大。

为了扩大产品销路，进一步实现企业发展，褚现英多次在河北、山西、山东之间来回奔波，就是为了寻找新客户，为产品建立起销售网点，疏通产品的销售渠道。有时，为了进行调查走访，亲自向客户介绍公司产品，褚现英要每天步行几十里路。在请专家帮助建立起第一条生产线之后，为了降低生产成本，褚现英亲自带领员工自行设计了后续的几条生产线，为企业节省了大量的资金。在上任后的第一年，褚现英就让企业扭亏为盈，而且还打造出了一支团结拼搏、艰苦奋斗的执行团队，为企业以后的发展提供了坚实可靠的保障。

随着科技和管理技术的发展，褚现英又提出“科学发展”战略和打造“百年企业”的构想。为了实现这一目标，褚现英排除困难，采取了一系列措施。首先，他对老企业进行了改制，成立了“河北诚信有限责任公司”，为企业发展提供了体制保障。其次，优化了产品结构，利用新的科学技术使企业生产的产品达到了全国最高的水平，为企业发展提供了信誉保障。再次，实施人才战略，为企业培养了一大批拥有高素质、高能力的员工，为企业发展提供了人才资源保障。最后，强化了企业管理，制订了很多适合企业发展的管理制度，为企业发展提供了制度保障。

最终，在褚现英的领导下，企业取得了长足进步。由一个濒临倒闭的小企业，发展到现在总资产超过30多亿元的大型集团公司，河北诚信有限责任公司的发展，褚现英功不可没。

也许，在面对濒临倒闭的化工总厂时，很多人都曾犹豫过要不要接过这个担子，但是由于困难太多，所以他们找借口退缩了。然而，当选中褚现英时，他没有寻找任何借口，而是默默地挑起这副重担，想办法克服各种困难，帮助企业实现发展。在企业获得发展的同时，褚现英也成就了自己。其他人以借口逃避了困难，却也失去最终成就自己的机会。

很多员工之所以会一生平庸，毫无成就，原因就在于他们总是活在自己的借口中，从来不去想办法解决问题，进而提高自身实力。当上司分配的工作任务没有及时完成时，他们会找借口说是因为时间太紧或是公司支持不到位；当自己的业务绩效不达标时，就会说是因为同事不配合或者客户不合作；当执行工作过程中出现偏差、失误时，他们又会说自己情绪不好或者状态不佳……无论怎样，他们总会给自己找合理的借口，从而将自己的失误或者失败归咎于别人或者其他因素上面，却从来不在自己身上找问题。

于是，他们以各种借口来安慰自己、掩饰自己的无能，这样的员工注定会是一个在职场中一生平庸的人。因为他们不敢面对自我、面对困难，所以他们也就没办法抓住市场和企业提供给自己的机会。

优秀的企业管理者和员工之所以能够获得成功，正是由于他们能够在最关键的时刻选择面对问题和困难，并勇敢地承担自己应负的责任，经受住了挫折的考验。这种在“责任感”的驱动和鞭策下行进的员工，才能走得更远。反之，那些总是选择为自己寻找借口、逃避责任的员工，在逃避困难和放弃责任的同时，也失去了更多机会和好处。工作和生活一样，都是公道的，没有付出，就没有收获和回报。因此，只有杜绝借口，承担起相应的责任，才能达到执行的目的，才能使企业和个人得以发展。

◎交接资源就是确认任务

古时候，有人驾着马车去南方的楚国，但是却向北行驶。路上有人对他说："楚国在南方，你向北走，怎么能走到？"驾车的人说："没关系，我的马好。"路人对他说："你的马再好，可是方向反了，怎么能走到？"驾车的人又说："没关系，我带了很多路费。"路人接着说："可方向还是反的啊！"驾车的人不在乎道："没关系，赶车的人是把好手。"然后不听劝阻，接着向北而去。

路人叹息道："方向不对，再加上马好、车夫好、路费又多，岂不是会离楚国越来越远？"

这就是成语"南辕北辙"的来历。故事告诉我们，如果没有认清方向就盲目向前行进，只会远离预期的目标；如果辅助的条件再优越一些，那么就会离目的地越来越远。

同样，在工作中，如果执行者还没有确认任务就盲目地加以执行，也无法得到想要的目标。因此，对于善于执行的员工来说，不仅要具备杜绝借口、迎难而上、承担责任的态度，还应该细心接受任务、确认任务。这里的"细心"是指在领取任务时，要明确整个任务的内容和最终应该取得的结果。只有确认了任务，才能够通过执行最终完成任务，否则，如果还没有确认任务就开始盲目执行，很可能会出现"南辕北辙"的情况，既浪费企业的资源，也浪费个人的时间和精力。

1. 盲目执行害处大

执行者在领取任务时，一定要对所做的任务加以确认，搞清楚领导者的意图和应该达到的目的，然后再付诸努力加以执行。否则，就很容易得到相反的结果，为企业带来不必要的损失。

小孙是某酒店的员工，是一个毛躁的人，做事风风火火，经常做出一些让领导不满意的事情。

一次，该酒店要举办一次宴会，因此需要采购一批新鲜的鲈鱼。但是由于采购员当天有事请假了，而别人又都很忙，于是厨师长就让小孙去市场采购。小孙只听到要采购一批新鲜的鱼，也没听清具体要采购什么鱼类，就风风火火地直奔鱼类市场。

到了市场后，小孙才想起来忘了问下厨师长该采购什么鱼类，但是自己又忘了带手机，再往回跑一趟又显得自己办事不力。于是，小孙根据酒店经常做的招牌菜"红烧鲤鱼"，就武断地认为，这次采购的可能也是鲤鱼。恰好当时市场上有批发鲤鱼的，也挺新鲜，于是小孙就买了一大批鲤鱼回酒店了。

结果到酒店后，小孙在确认之后才了解到，原来酒店采购的是鲈鱼，而不是鲤鱼。不得已，小孙又跑去市场将鲤鱼以低价退给渔户，重新购买了新鲜的鲈鱼。小孙也因为这件事被扣了半个月的工资。

如果小孙在接任务的时候能够仔细一点，问清楚任务的内容，也就不会出现后来的错误了。可见，只有在确认了任务之后再去执行，才能达到目的，如果盲目执行，只会取得错误结果。

2. 确认任务，要多做沟通

确认任务，是执行之前最重要的一个环节，所以在进行任务交接、确认时，发布任务与接受任务的双方都要仔细沟通，那样才能确认任务。如果沟通不好，也就无法对任务进行确认了。

某公司总经理的助理小刘是一个踏实肯干的人，只是不太爱说话，很少与别人进行交流，只知道埋头苦干。尽管总经理说过小刘几次，并且也考虑过要换一个更善于和别人进行交流的人来接替小刘的位置，但是一直没有合适的人选，而且小刘工作一直很努力，也没有在工作中出现过重大失误，所以总经理也没有找人代替小刘。

有一次，总经理签署了一份非常重要的合同，让小刘马上送给销售部门的王主管。由于总经理当时忙着其他事情，所以只对小刘说“交给王主管”，然后就外出做其他事情了。小刘看总经理很忙，再加上又不爱说话，就没问送给哪个“王主管”。原来，在这家公司，有三个部门主管都姓王。在考虑了一会之后，小刘拿着文件递交给了生产部门的王主管，并告诉他是总经理给他的。

生产部门的王主管在拿到文件后一头雾水，不清楚总经理给自己这份文件干什么，由于当时正忙着给部门的其他员工开会，就将这件事放到了一边，没有再管。

而那边销售部门的王主管正急等着总经理签署的文件，因为他当天下午要和客户谈这单生意。结果到下午也没等到，而且总经理的电话也打不通，所以他只好跟客户另约时间。客户非常生气，觉得这家公司对他们不够重视，于是就放弃了合作。好不容易谈下来的生意就这么飞走了，销售部门的王主管也很生气。

等总经理回来之后，销售部门的王主管向总经理诉苦，告诉他由于没有及时拿到签署的文件，客户终止了合作。总经理很纳闷，问他："我昨天上午就让小刘将文件送给你了，你怎么没收到？"于是将小刘叫来，一问之下才知道，小刘送错了人。而这时候，由于不关自己的事，生产部门的王主管早就将这件事忘得一干二净了。

工作中出了这么大的错误，小刘觉得也没脸再待下去了，于是提出了辞职，而正想换人的总经理也批准了他的请求。

如果当初小刘能够多问一句，多和总经理进行沟通，那么也不会在工作中出现这么重大的错误，不仅给公司造成了损失，自己也丢了工作。另外，如果总经理在交任务的时候，能够仔细一点，说清楚任务的具体内容，也不至于给公司带来重大的损失。

在执行过程中，确认任务是很重要的一个环节，只有交接任务的双方多做沟通，将任务描述清楚，执行者才能确认任务；执行者只有确认了任务，才能予以执行，并取得相应的结果。

◎不问"能不能完成"，要问"你怎么完成"

作为企业管理者，在向员工们下发任务时，要讲究一定的技巧，那样才能做到既不伤害他们的自尊心和自信心，又能够顺利将任务传达下去。

1. 传达任务有技巧，不能伤害执行者的自尊心

企业管理者在传达任务的时候是需要一些技巧的，如果生硬地问"能

不能完成”，可能会伤害执行者的自尊心，会让员工觉得领导者对自己的能力不够信任。那样的话，即使他们能够执行并顺利完成任务，也会对领导者的这种态度不满。而如果他们没有能力完成这样的任务，在领导者的这种“激将”方式下，为了维护自己的自尊心，他们也要一口应承下来，当然，他们最后的执行结果并不能令人满意，这样也就会对企业和个人都造成一定伤害。

某企业生产部门主管是一个自尊心非常强烈的人。一次，当总经理在向他下达生产任务时，由于时间紧、任务重，这位部门主管面露难色。总经理看到自己的员工似乎有什么困难，就随口问了句：“这个任务很困难吗？这不像你的风格啊！”因为任务确实重，所以主管在考虑着该如何回答这个问题。总经理看到主管没有马上回答自己的问题，就又说了一句：“完不成就算了，我再找别人。”

本来是一句激励的话，但是听到生产部门主管的耳朵里，就觉得总经理的话中有蔑视自己的意思，感到自己的自尊心受到了伤害。在强烈的自尊心作祟下，他一口答应下来。而不了解情况的总经理也就将交货日期告诉了客户。

虽然答应了下来，但是任务量确实太大，而且交货的时间又短，愁坏了那位主管。为了完成任务，他要求所有生产部门的员工们加班加点地工作，自己也投入到生产第一线，就为了争口气，顺利完成任务。但是，机器可以连轴转，人却要休息的，所以员工们在加班加点地工作了一段时间后，都纷纷提出休息的要求。结果，到了交货的日期，还是没有完成任务。

结果，公司因为没有履行合约而不得不赔付客户一部分违约金，而那位主管也因此受到了总经理的处罚。

其实事情本来可以很简单的，只要双方能够心平气和地交接任务，任务也能够顺利执行。但是由于一方不注意说话技巧，而另一方又有强烈的自尊心，结果将事情办砸了，双方的利益都受到了损失。作为企业管理者，更应该照顾员工的自尊心，所以在传达任务的时候，一定要注意说话的技巧。

2. 巧用“教练”技巧，了解执行者使用的解决方法

当然，在传达任务的时候，我们也不能随便将任务交给一位员工去执行，而不问他能不能做到，只是要讲究适当的方法，通过一定的问话技巧来了解他的执行方法。如果他的执行方法合适，自然最好；如果他的执行方法不合适，我们也可以通过提醒来帮助他执行工作，或者换一个员工来执行。总之，我们的目的是想办法将工作做好，将任务执行好，以利于公司的发展。

在问话的方式中，“教练”技巧不失为一种有效的方法。所谓的“教练”技巧，就是通过引导的方式，来让执行者说出自己心中的想法。我们来看下面的例子。

总经理：“这次的生产任务比较急，而且生产量又大，不容易做。你有什么办法将它顺利完成？”

生产部门主管：“任务是有些重，能不能向后再拖延几天，只要两天就行。”

总经理：“这个交货的时间恐怕是不能向后延长了。你有没有其他的方法？”

生产部门主管：“既然没法延长时间，那么就只有让员工们加班了。可

是我怕他们会有所抱怨。”

总经理：“怎样才能让他们安心工作呢？”

生产部门主管：“我想可以采取物质激励的方法。我可以给他们提高加班费，但是需要经过您的允许。”

总经理：“我看这个方法也可以，没问题，我可以给你这个权利。那这个艰巨的任务就交给你了。”

生产部门主管：“好的，保证完成任务。”

在接受任务之后，生产部门主管马上在内部下达了完成任务的命令，并许以丰厚的物质奖励。而员工们在得到承诺之后，果然对工作充满了热情和积极性，终于在规定的时间内完成了任务。

同样是一件时间紧、任务重的生产任务，但是如果用“教练”式的谈话技巧去下达任务，就能够在尊重员工自尊心的基础上将任务分配下去，并能够取得想要的结果。

“能不能完成”是一种生硬的问话方式，而“你怎么完成”则是一种委婉的“教练”技巧，后者更容易被执行者所接受，更有利于任务的顺利执行。因此，企业管理者在下达任务的时候，一定要注意说话技巧，那样才能够取得预期的结果。

第五章

法则 3:

监督不懈，抓执行也抓结果

一、监督自己：执行价值最大化

◎在执行过程中，做最擅长的事

俗话说“尺有所短，寸有所长”，其实每个人都有自己的特长，如果我们能够充分发挥自己的特长，在工作中做自己擅长的事情，那么就能够将工作做得更好，而且也更有兴趣去做这样的工作。相反，如果我们在工作中做自己不擅长的事情，那么我们就会对其缺乏兴趣，也就不能做好它。

但是个人的特长并不都是十分明显的，因此需要我们尽力去找到它，然后再认真地去发展，长期坚持下去，我们才能够在最后有所成就。

1. 做最擅长的事情，能够让我们充满工作的动力

台湾著名的皮毛商人虞文出生在一个数学之家，他的父母在数学界非常有名。由于他的父母一直希望虞文能够继承他们的事业，将来在数学上有所成就，所以，他们在虞文很小的时候就向他灌输各种数学方面的知识。

然而事与愿违，尽管虞文的父母用尽了所有的方法来提升他对数学知识的学习兴趣，但是虞文自己却对数学一点兴趣也没有。因此，他对数学知识的掌握一直很少。看到虞文这样的状况，他的父母很担心他以后怎么成材。

虽然对数学一窍不通，但是虞文对商业却很感兴趣，他经常偷偷地在夜里学习各种和商业、管理有关的知识，甚至达到了离开商业书就夜不能寐的地步。在这种兴趣的引导下，再加上自己的努力学习，虞文在年轻时就有了丰富的商业管理知识。但是他的父母却不愿让他经商，而是让他到父亲所在的学校里教数学。

在教学期间，虞文明白，自己不擅长教数学，因此他一直没有放弃对商业知识的学习，希望能够有一天在商界大展身手。在虞文不断的坚持下，他的父母终于同意他去做自己喜欢的工作，但是却拒绝向他提供任何帮助。

在得到了父母的允许后，虞文毅然下海经商。虽然处境很艰难，但是这一点也没有打击到虞文的积极性。他白手起家，利用自己的商业天赋和学到的管理知识，很快在商界占据了一席之地，打开了局面。在实践中的成功给虞文带来了更多的自信，更加坚定了他从商的决心，他相信，只要自己坚持下去，做自己最擅长的事情，就一定能够成功。

最终，在兴趣的引导下，再加上所做的事情又是他自己擅长的，所以，虞文很快就在商界闯出了一片天地，获得了成功。

从虞文的成功经历中我们能够看出，只有做自己感兴趣、最擅长的事情，我们才会投入更多的激情和努力，才能做出更好的成绩。如果是做一些并不擅长的工作，我们就会在很大程度上进行敷衍、应付，那样肯定是无法将事情做好的。因此，只有做自己最擅长的工作，才能最终做出成绩、成就自己。

2. 寻找自己擅长的工作很重要

虽然做擅长的工作容易出成绩，但是很多人却并不明白自己擅长什么，因此，寻找自己擅长的工作就显得尤为重要。而且，可能有很多人已经意识到自己目前做的工作并不是自己感兴趣、擅长的工作，但是他们却又不愿意，或者是不敢去尝试争取那些自己可以做得更好的工作。所以，每个人都应该清楚自己的兴趣、长处、优点是什么，这样才能够在工作中快速找到适合自己的工作，才能更快做出成效。如果无论自己如何努力仍无法取得成果，那么就说明这项工作不适合你，还是尽早退出这个工作圈子，去寻找自己所擅长的工作。

汤姆是某企业的推销员，负责产品的销售工作。本来，作为一个销售员，就应该学会如何与人沟通、打交道，但是汤姆却害怕与人交谈。而且，在面对陌生人的时候，他还会因为紧张而不敢说话。这一切都表明，他根本就不适合做推销的工作。因此，无论汤姆怎样努力，他的销售业绩一直不见提高，在工作中没有任何成效。

对于汤姆的表现，老板实在忍无可忍，于是就对汤姆说："你确实不适合销售这个行业，不如尽早另谋出路，省得误人误己。"

汤姆不想就这样失去工作，于是他恳求老板留下他，并对老板说："我也发现销售的工作不适合我，但是不管怎样，公司中总会有一些工作是我能够胜任的。所以请您将我留下来，做其他什么工作都行。"

老板看到汤姆这么恳求自己，而且一直坚持要留下来，终于被他这种精神所打动，于是问他有什么擅长的东西，任何事情都行。汤姆在考虑了一番后对老板说："我在学校的时候，数学学得非常好，而且对数字有非常浓厚的兴趣。"于是，老板将他分配到会计部去帮忙。

对数字天生敏感，而且非常喜欢数学的汤姆进入会计部门之后，就充分发挥出了自己的天赋，将公司的账目打理得井井有条，并且在几年之后，成了一名出色的会计师。

对于竞争激烈的现代社会而言，企业和个人只有尽力挖掘自己的优势，并努力向这方面发展，才能够立于不败之地，成就自己的事业。

3. 坚持做擅长的事情，才能获得成功

发现自己的兴趣和擅长的工作之后，才仅仅只是一个开始，只是说明你知道了自己的发展方向，还不能保证就一定能够获得成功。因此，如果想要获得最终的成功，必须坚持自己的兴趣和特长，不断向这方面努力发展，才可能实现自己的梦想。

古时候有一个叫做仲永的神童，天生才华出众，五岁就能够出口成章。于是，他的父亲就利用仲永的这一特长，带着他到处赚钱，而没有让他继续学习。结果，在仲永十几岁的时候，他的文采没有丝毫进步，还和五岁时一样。

这是宋代文豪王安石的作品，这个故事告诉我们，一个人即使有再好的天赋，如果后天不努力学习，依旧会沦落为一个普通人。

同样，如果企业和员工在某些方面有优势、有长处，但是我们不继续努力坚持向那方面发展，这种特长也迟早要被别人取代，到时候我们的优势就不复存在了。因此，对于自己擅长做的事情，更应该努力将其做好，长期坚持下去，才能够做出优异的成绩，否则，也将会一事无成。

4. 选对执行人，找最愿意而又有能力的人去执行

执行力的欠缺，很多时候是组织所任非人。就是说“适岗能力”不行，更别说“胜任能力”了。公司在选用、配置人员时，不仅要关注员工的一般性技能，也要关注员工的任职动机。任职动机很大程度上决定了员工的执行意愿。

◎你有义务协助他人执行

在如今这个竞争激烈的年代，社会竞争是非常残酷的，如果还想像一个“游侠”一样，靠自己的力量来执行工作任务，将会变得非常困难，也很难取得事业上的成功。因此，懂得执行的企业管理者和员工会协助他人执行工作，同时借用他人的手来完成自己的事业，实现共赢的局面。

可能有人会问：“我为什么要义务协助别人执行？”这里所说的“义务”，其实并不是无偿的，只是我们要先“给予”，然后再“索取”。毕竟世界上没有免费的午餐，我们要想从他人那里获得无偿帮助，就要先无偿付出。否则，别人又怎么会来帮助你？

阿迪达斯公司是世界上最大的体育用品公司，在全球 40 多个国家中都拥有子公司，员工更是达到 4 万人，分布于世界各地。阿迪达斯公司经营各种体育用品，但是最主要的产品还是足球鞋，每年光是足球鞋的产量，就高达 25 万双。

1920 年，阿迪达斯公司的创始人，阿迪·达斯勒兄弟俩在母亲的洗衣房里开始了制鞋业。由于兄弟俩非常重视鞋的质量，而且还不断地在款式方面进行创新，因此，他们的鞋销路很好。为了吸引更多的顾客、制造出更好的、更适合顾客的鞋，他们不厌其烦地为无数个顾客丈量过脚的尺寸和形状，然后再制鞋。由于这种对工作的热情，再加上良好的经营方式，他们的制鞋作坊发展很快，不到几年时间就成为一家中型制鞋厂。

在 1936 年柏林奥运会即将来临的时候，阿迪·达斯勒兄弟俩发明出了一种钉子鞋，这种鞋非常适合短跑运动员穿。在派人打探了参赛运动员的情况之后，兄弟俩经过商量，认为美国著名的短跑运动员欧文斯很有希望夺冠，于是，他们便将钉子鞋无偿地送给欧文斯试穿。后来的事实证明，兄弟俩是极有眼光的，欧文斯不负众望，穿着钉子鞋在比赛中获得4枚金牌，阿迪·达斯勒兄弟生产的钉子鞋也一举成名。从此，阿迪鞋厂的新产品成了国内外运动员们的最爱，很快畅销于全世界，而这家鞋厂也变成了大公司。

在成功利用体育明星来为自己做广告之后，阿迪·达斯勒觉得这种方法很好，于是就屡次使用，而每次都收到了很好的效果。为了给公司造势，阿迪达斯公司将商品销售额的2%～6%拿出来免费馈赠给那些顶尖的运动员，让他们继续为自己的产品做广告。而运动员们在大型赛事中穿着“阿迪达斯”品牌鞋做活广告，比那些花钱做电视广告的效果要更为明显。

除了馈赠产品之外，阿迪达斯公司还会派员工在赛场上为运动员免费提供服务。如果哪位运动员感到鞋子不舒服，他们就会马上为他解决问题。在一次足球比赛中，有一位英国主力球员脚踝受伤，为了保证他能够在第二天的比赛中出场，阿迪达斯公司连夜为他专门赶制了一双特殊的球鞋，这双球鞋让那位球员又重新站到了赛场上。同时，阿迪达斯这种出色的服务，也获得了顾客的认可，为公司赢得了更广阔的市场。

从阿迪达斯公司的发展过程中我们能够看到，他们一直都在帮助别人：为客人定制各种合适的鞋、将商品无偿馈赠给运动员、为运动员提供免费的服务……这些看似“无偿”的协助，却为阿迪达斯公司带来了更多的利润。原因就在于，他们在帮助别人的同时，别人也在为他们做宣传，而这种宣传就是对企业最大的帮助。

义务协助他人执行的目的，其实是为了通过合作的方式来达到双方最终的目的，实现共赢。尤其在企业内部，很多工作都是需要员工们互相协作才能够完成的，如果当别人需要帮助时，我们只是“各扫门前雪”，而不伸出援助之手，那么下次当我们遇到困难的时候，别人也不会为我们提供帮助。

对于企业管理者来说，员工们执行工作就是为了给企业创造出更多的利润。所以，为了实现企业的最终发展，管理者有义务帮助员工执行任务，将工作做到最好。因此，真正懂得执行的管理者和员工，他们不仅自己善于执行，而且也能够协助他人执行，通过互相帮助，在成就自己的同时，也使企业能够不断向前发展。

一个愿意成就大事、能够成就大事的团队或个人，必然是高瞻远瞩的，必然是自领重任的。即便是在职责明确又分割规范的公司，也有着这么一些持有“分工不分家”的理念主动为别人分忧、为团队解愁的人。他们认为自己的成功就在别人的成功里，能够帮助别人成功是更高层次的自我实现。而事实上，组织会更看重能够帮助别人成功的人。因为，这才是真正能够带领大家执行并进而成功的人。

◎要不要鼓励员工“跳槽”？

说起“跳槽”这个词，很多企业管理者都会恐慌，因为他们都有过因为员工跳槽而对企业造成损失的经历，因此，他们痛恨这个词，也拒绝让员工进行任何形式的“跳槽”。其实，这些管理者有些过于恐慌了，事实上“跳槽”并不可怕，而且对公司发展而言，还有很大的好处。当然，这里所说的“跳槽”不是让员工跳到别人的企业中，造成人才的流失，而是让他们进行企业内部“跳槽”，变换不同的工作岗位，来充分发挥他们的能力。

为什么要鼓励员工在内部进行“跳槽”呢？其好处有以下三个：

1. 能够做到“以人为本”，充分发挥员工的特长和主观能动性

日本索尼公司是一家全球知名企业，他们的产品家喻户晓。虽然大家看到了它的成功，但是却不明白为什么它能够创造出如此优异的成绩。在索尼公司创建40周年的大型纪念活动中，有人向索尼的创始人盛田昭夫讨教成功的秘诀。对于客人的这个问题，盛田昭夫微笑着说：“索尼公司的成功其实很简单，只要企业做到‘以人为本’就行，而且要始终贯彻这样的经营方式。”

说起索尼公司以人为本的经营方式，最大的一个特点莫过于他们的一项制度——鼓励员工内部“跳槽”。这项制度规定：如果有员工觉得在自己原来的工作岗位上不能实现个人价值、不能发挥个人最大的能力，那么他们可以通过努力来“跳槽”到公司的其他部门，以寻找更适合自己的工作岗位。索尼公司的这种做法，其实是为了充分利用公司的内部资源，以实现公司的发展壮大。

随着索尼公司不断发展壮大，在科学技术方面的专家和工程师就高达9000多名，为了充分发挥这些企业精英的能力、调动他们的工作积极性，索尼公司推行这一独特的用人制度，即“鼓励员工内部跳槽，以功绩论英雄，以岗位论人才”。公司这一制度的施行，极大地鼓舞了那些科学技术专家和工程师，他们终于能够不用局限于自己现在的工作，而是根据自己的兴趣爱好和特长对工作岗位进行选择。同时，他们还可以主动向公司申请研究课题和项目，而公司则为他们提供最大的支持。而且，索尼公司还为员工们设立了特权，只要对工作有帮助，就允许他们自由流动在各部门、各科研组之间。

这一制度的施行，为索尼公司带来了巨大的收益，能够充分发挥出员工的潜能和对工作的热情。比如，被世人所熟知的索尼笔记本电脑，就是公司一位年轻的工程师主动向公司申请研发课题，并在公司的支持和自己努力下研发成功的。

从索尼公司对“鼓励员工内部跳槽”这一制度的成功运用中我们能够看出，之所以要利用这种管理制度，是因为它能够给企业员工创造更多脱颖而出的机会，使他们不局限于自己目前的工作当中，能够充分发挥自己的特长和主观能动性。这样一来，就能够提高每一位员工的价值，达到合理分配人才、各尽其能的目的，促进了企业的综合执行力。

2. 可以避免员工对自己工作的盲目自信

之所以要主张员工进行内部跳槽，除了可以充分发挥他们的特长之外，还有另外一个原因，就是可以避免员工对自己工作的盲目自信。

我们知道，当一个人长期从事一种工作时，由于过于熟练，就容易产生盲目的自信，认为自己就是这方面的“权威”。这种情况的出现是非常危险的，一方面，越是盲目自信，就越容易出错，而且这种错误将是非常大的错误；另一方面，对工作过于自信，就会导致创造能力的下降，以至于最后沦为平庸。这两种情况对于企业来说，都是非常大的损失。如果鼓励员工进行内部跳槽，允许他们不时地更换工作岗位，就有助于激发他们的潜能和对工作的积极性。

索尼公司的总裁盛田昭夫就非常喜欢聘用那些不安于现状、不墨守成规的人才，在他看来，那些敢于在各科研组之间跳来跳去、喜欢灵活变动的员工，更愿意接受新的挑战，而这种个人品质正是以科技为主导的索尼公司所需要的，只有这样的员工才能够为企业创造更大的价值。

3. 能够提升企业的内部竞争力

基于动物的本能，人总有一种“排他性”：当别人来到自己的“地盘”时，就会想方设法将他排挤出去。同时，人们还有向权威挑战的“攻击性”，总想推翻权威的说法，来证明自己是对的。

基于员工的这两种矛盾的“特质”，如果鼓励员工进行内部跳槽，就能够经常使他们面对不同的新面孔，产生互相“不服”的情绪，而这种情绪一旦产生，他们就会通过拼命工作来证明各自的价值。这样，就在无形之中激发了企业内部的竞争力，增强了科研队伍的活力，有利于为企业带来更多的效益。

4. 鼓励跳槽也是选用最合适的人

既然我们主张“选用最适合的人做最适合的事”，除特殊情况下的“低能高配”、“高能低配”外，基本上我们应该按照《职务说明书》、《岗位说明书》所明示的素养要求来任用人员。而对于相对低能或高能的人员，我们应该按照《岗位替换图》来支持或鼓励员工转换岗位。而对于那些与企业文化格格不入或者能力极不匹配的员工，放弃他们并选用适合的人员来任用，未尝不是一种明智的选择。

二、培训与监督员工：让潜力迅速翻倍

◎必要的培训课程

要想促进企业的综合执行力，就必须首先挖掘和提升员工的执行能力，只有将员工个人的执行力提高了，才能使企业的整体执行力上升到新的高度。尽管不同的企业管理者对提升员工的执行能力有各自独特的方法，但是相同的是，他们都会对员工进行必要的培训，通过培训来提升员工的执行能力。

1. 通过培训，能够提升员工的责任感和荣誉感

企业要想成功发展，就必然拥有一批能够提供高绩效、高执行力的员工。这些员工工作勤勉、爱岗敬业、富有责任感，他们对企业绝对忠诚，能够与企业同甘共苦、风雨同舟。他们始终把企业大局放在第一位，并时刻牢记企业的发展战略目标，认可企业文化，工作态度积极。

这样的员工不是天生的，也不是随便从外面招聘进来就具备这样的特质，而是通过对他们进行培训，最终得到的。

要想让员工将自己融入企业，将企业的价值和自己的价值联系在一起，就要对他们进行培训，让他们了解企业的文化和核心价值，那样才能

够培养出他们对企业的责任感和荣誉感，进而为企业的发展贡献自己最大的力量。

通过对员工进行责任感和荣誉感的培训，能够使他们对工作充满主动性和创造性，而且在遇到困难时也能够不退缩、迎难而上；能够使他们具备良好的工作习惯，遵守公司的规章制度；能够使他们在工作中不断发现问题、分析问题并最终快速地解决问题：从而提升他们的竞争力和执行力。

2. 通过培训，能够提升员工的工作技能

很多员工在进入企业工作之前，对于要做的工作不是很了解，而且即使有一定了解，也可能因为不常做所以不够熟练。这时，培训的另外一个好处就显现出来了：通过培训，能够让员工更快地掌握工作技巧，从而更快地为企业发展作出贡献。

很多大型企业都会对员工进行培训，一方面能够提高他们对企业的认可，从而使他们积极投入到工作当中；另一方面，也能够提高员工的工作技能，让他们更快地为企业发展出力。尤其是一些服务行业，或者是对技术要求较高的行业，对员工的培训要求就更为严格。

比如中国移动通信公司，为了提高员工的服务意识，他们在上岗之前要进行长期的培训，培训内容包括服务态度、对业务的熟练度等。等到培训结束后，还要进行考核，只有考核通过的员工才能被正式录用，才能上岗工作。而那些能够上岗工作的员工，不仅业务熟练，而且服务态度也很好，培训的效果是显而易见的。

再比如长城汽车公司，员工们在入职之前除了要进行技术方面的培训，还要进行为期一个月的“军训”，在长城公司的总裁看来，这种“军训”，其实也是一种培训方式。通过“军训”，不仅提高了员工们的身体素质，更加强了他们的纪律性，保证了他们能够绝对服从、严格执行公司指令。这一个月的“军训”非常艰苦，能够坚持下来的人就成为长城公司的正式员工；而那些半途而废的人，公司则会对其说“再见”。

3. 通过培训，能够为企业节约投资成本

可能有人会问：“对员工进行培训不是要为他们投资、耗费企业的资源吗？怎么会为企业节约投资成本？”其实，对于企业而言，对员工的培训投资只是一小部分，而得到的回报却是很大的，所以整体而言，是为企业节约了投资成本，我将其称为“抛砖引玉”。

如果企业想尽快提高员工的执行力，让他们为企业带来明显的经济效益，首先就要对他们进行培训。通过培训，不仅能够丰富受训员工的专业知识、提高他们的工作技能，更有利于改善他们的工作意识、提升工作效率，更快实现企业的发展目标，从而降低企业的投资成本。有一位管理大师曾说过：“如果企业管理者放弃对员工的培训，那实际上也就是放弃了员工的工作效率和企业的利润。”

同样，松下电器公司的培训部主任也说过类似的话：“我们培训部之所以能够得到企业高层的大力支持，就是因为我们做得很好，值得这样的投资。我们有充分的证据向企业证明，培训工作的进行，能够使员工们掌握正确的解决问题的方法，这样能够为企业节约大批的资金，大概是投资的 20 倍。所以我敢说，培训是节约企业投资的最好办法。”

世界上许多著名企业的成功都是从对员工的培训开始的，IBM 公司每年都会拿出营业额的 1% ~ 2% 为员工进行培训，而且每位员工每年都要

接受15 ~ 20天的培训。惠普公司更是如此，他们人力资源部直接推出“不仅用你，还要培养你”的方针来吸引高效能的人才。在管理界中，甚至流传着这样一种说法：在世界500强的大多数企业中，企业管理者都会对员工进行严格的培训。也正是这种做法，为那些企业培养出了高度职业化的员工团队、构筑起了强大的竞争优势。

因此，作为企业的管理者，一定要抓好“培训”这一重要的环节，做好了对员工的培训工作，就能够提高他们的工作能力，促进企业综合执行力的提升，为企业最终的发展奠定坚实的基础。

◎适度施压，化作动力

任何一个企业组织想要发展，都离不开具体的执行人员，而且这些执行人员执行能力越强，企业发展就越快。但是，并不是所有员工都能够做到高效执行，要想提高他们的执行能力，就需要采取一些措施。我们在前面讲过，可以用激励、培训的方式来提高员工的执行能力，现在，我再为大家介绍一种行之有效的方法，那就是对员工适当地施加压力。

适当地对员工施加压力，能够使他们将压力转化为工作动力，将工作动力转化为执行力，从而使其成长为企业优秀的执行人员。

1. 施加压力，可以激发企业管理者和员工的潜能，使他们工作更卖力

我们常说“没有压力就没有动力”，员工就像是弹簧一样，如果只是让

他们平淡地做一些日常工作，那么他们将会越来越缺乏工作的动力；如果对他们施加一些压力，那么他们就会像被压缩的弹簧一样充满力量。因此，压力能够激发员工的潜能，使他们对工作充满激情、充满动力。

一位农夫牵着牛耕地。起初，牛走得很慢，而且走走停停，农夫就在后面随意地跟着。但是走了没多久，牛突然走得快起来，农夫也很费力地跟着。农夫很纳闷，怎么刚开始牛走得很慢，后来却越走越快？经过仔细观察，农夫发现牛的身上趴着一只牛虻，正在吸牛的血。农夫赶忙将牛虻打落，但是再耕地的时候，牛又走得慢起来，而农夫则不得不用棍子不断赶着牛走。

因为被牛虻叮着，所以牛走得很快，而一旦没有了牛虻，牛又开始慢吞吞地走了。对于牛来说，那只牛虻就是它的“压力”，因为有它的存在，牛才会奋力向前。就像马一样，在没有被鞭策的情况下，只会慢悠悠地向前走，而当有马鞭打到身上的时候，它们才会飞奔起来。

在企业中，这样的牛虻和马鞭是不可缺少的，他们不仅能够促使员工奋力拼搏，同时也能够给管理者带来压力，提升他们的能力。

林肯在当选总统后，开始组建内阁，在内阁成员的选定中，林肯挑选了自己的竞选对手萨蒙·蔡思，而且还任命他担任了财政部长的要职。萨蒙·蔡思是一个性格狂妄、嫉妒心强的人，但是他非常有能力。尽管接受了林肯的任命，但是对于自己曾经的竞争对手，他仍然怀恨在心。

对于将萨蒙·蔡思挑选进内阁这件事，大银行家巴恩很不解，就提醒林肯说：“萨蒙·蔡思骄傲自大、目中无人，而且对你有成见，将他选进内阁，会对你造成很大的麻烦。”而且《纽约时报》的主编亨利也劝说林肯：“萨蒙·蔡思有强烈的权力欲望，虽然这次竞选失败了，但是他一定不会放弃，他是个很危险的人物，你应该远离他。”

对于这两位的好心，林肯只是对他们说：“萨蒙·蔡思的工作能力很强，能够帮助我完成很多重要的任务，而且，他的‘总统欲’会促使他带领财政部不停地向前跑。另外，有他在旁边虎视眈眈地盯着，我才能够居安思危、不会松懈。”

萨蒙·蔡思虽然狂妄，而且有很强的总统欲，但是这些却不能否定他的才干。而且，叮在他身上的“总统欲”这只牛虻，会促使他拼命地工作，这样一来，财政部的执行力就会得到提高；而其他政府部门也会在财政部的“叮咬”下，努力工作。

毫无疑问，林肯是非常聪明的，他不肯打落萨蒙·蔡思身上那只叫做“总统欲”的牛虻，也不打落自己身上的这只叫做萨蒙·蔡思的牛虻，就是为了能够让各部门和自己更好地工作。

在企业里，很多有才能的员工往往会恃才傲物、不服从管理，但是企业又不能离开他们，因为他们就像牛虻一样，能够促使其他员工与管理者奋力向前。

2. 施加压力要适当，否则过犹不及

如果将弹簧拉伸，则能够使其充满力量；但是如果用力过大，就会使弹簧损坏，失去力量。同样，对于企业的管理者和员工来说，如果对他们施加适当的压力，那么他们会将压力转化为工作的动力，更好地工作；但是如果施加的压力过大，则会产生相反的效果，使员工们产生焦虑、忧郁的情绪，而这些情绪不仅无法提高员工的执行力，反而会使其下降。

在2010年1月到2010年11月这十个月的时间里，富士康公司发生了

14 起跳楼事件。也许员工们跳楼的原因有很多，但是其中最重要的肯定是压力过大。

作为全球最大的电子制造服务商，富士康公司对产品的生产线有非常严格的要求，因此，每个岗位的工作都被分解得非常细、非常小，而员工们必须在岗位上不间断地重复相同的动作，这对于员工来说，是一种高强度的体力工作。

为了提高员工的工作效率，富士康的工作制度是每工作两个小时可以休息 10 分钟，员工每天的平均工作时间达到 12 个小时。而且，员工们在进入富士康公司的时候，首先就要签署一份《自愿加班协议书》。说是“自愿加班”，但其实是强制加班，因为在该协议书中规定，如果员工签署了这份协议书，就要天天加班；如果不签署协议书，则以后都不会有加班的机会。而在富士康公司里，员工们的底薪都很低，如果不加班，就无法拿到高薪。另外，富士康公司里的中层领导对基层员工的态度很不好，对待员工的方式非常粗暴。

在这些综合压力的逼迫下，员工们才选择了跳楼自杀。

从富士康员工跳楼的事件中我们能够充分认识到，过大的压力不仅无法提升员工的工作效率和能力，反而会出现更多不好的后果。我们都知道，在日本国内，员工们大多有心理上的疾病，这些也都是由于长期工作在巨大压力之下造成的。因此，企业管理者在为自己和员工施加压力时，一定要认真考虑他们的承受能力，否则就会弄巧成拙，起到相反的作用。

对于员工的管理既不能缺少压力，又不能压力过大，只有掌握好施加压力的“度”，才能提升他们的工作能力和执行能力。

◎把掌握的知识变成执行能力

人们常说：知识就是力量。其实知识本身并不具备任何力量，只有把知识转化为具体的行动和执行力时，才能够发挥出它们的力量。也就是说，只有将知识运用到日常工作中，才能够实现它们的作用，否则，再高深的知识，都是毫无用处的。

1. 学的知识不能用到实际工作中，那么这样的知识“学而无用”

在《庄子·列御寇》中记载了这样一个寓言故事，叫做《屠龙术》。

古时候有一个叫朱泙漫的人，他非常喜欢练剑，时刻都在想着如何提升自己的剑术，成为一个世界一流的剑术高手。于是，朱泙漫开始踏遍千山万水，苦寻剑术名师。

功夫不负有心人，终于有一天，他找到了一个叫支离益的人，这个人会一套高深的剑术，叫做“屠龙术”。听到支离益会这么高深的剑术，朱泙漫心痒难耐，毫不犹豫地拜他为师，希望能够从他那里学会这套高深的剑术。经过三年苦练，朱泙漫耗尽家财，终于学有所成。

由于这套剑术只能够用来屠龙，对人毫无作用，于是，为了验证自己的剑术，朱泙漫开始仗剑行走江湖，希望能够杀尽天下害人的龙，借此名扬天下。不幸的是，尽管他花费了数年光阴、走遍了千山万水，依旧没有找到一条龙的影子。而他所学的“屠龙术”，也终归没有丝毫的用武之地。

故事中的朱泙漫，花费了大量的时间、精力和金钱学到的绝技，却没有丝毫可用之处。这个故事告诉我们，如果不能将知识转化为能力，那么它们将毫无用处。同样，在充满竞争的市场经济中，如果一个人空有满腹知识，却不能将其运用到实际工作中，那么这样的知识学来也是无用。

在《庄子》中还有一篇与之刚好相反的故事——《庖丁解牛》。

一个杀牛的人在几十年的杀牛实践中，掌握了出神入化的杀牛手法，他刀法娴熟，行动迅速，在很短的时间内就宰杀了一头牛，并将其肢解。这个人杀牛的时候完全是顺着牛的骨骼缝隙下刀，因此又快又省力，他的杀牛刀用了十九年，从来没有换过。

庖丁之所以能够将宰牛做到游刃有余的境界，就是因为他懂得在实践中不断总结经验，然后将积累的知识转化为能力。朱泙漫的屠龙术虽然很高深，但是由于没办法运用到实际工作当中，所以只能当做摆设，远没有庖丁的“解牛术”更有用。

无论是企业管理者还是员工，有很多人都觉得自己的工作之所以没有发展前途或者是含金量不高，都是由于没有学到“屠龙术”，因此，他们想方设法去学习很多“高深”的知识。

然而，在现实的工作中，却没有“龙”供我们来屠，多数都是一些“解牛”的工作。因此，即使花费大量的时间和精力学了很多高深的知识，如果没有用处，那么这些知识学来也是无用。倒不如将自己“解牛”的本领充分发挥下去，那样反而能够取得更好的成绩。

2. 学以致用，知识才能转化为力量

美国第三大钢铁公司伯利恒的创始人施瓦伯，出生在美国一个贫困的

乡村中，由于家庭贫困，他只接受了初中教育，然后就到一个山村做了马夫。恶劣的环境并没有消磨掉施瓦伯的志向，在三年之后，他毅然离开了贫困的乡村，只身外出寻找发展的机会。

随后，施瓦伯在一个建筑工地上找到了一份工作。建筑工人的工作非常辛苦，每天都要付出巨大的体力，因此，很多工人都抱怨薪水太低、工作太累。但是施瓦伯却从来没有抱怨过，只是非常勤奋地做自己的工作，而且，当其他工人休息、闲聊的时候，他都独自躲在角落里，学习有关建筑方面的知识。很快，一年时光就这样过去了，在这一年中，施瓦伯学到了很多建筑知识。

有一次，经理来建筑工地检查工作时，不经意间发现施瓦伯独自一人在角落里看书。于是经理走过去翻看了施瓦伯手里的书和他所记的笔记，然后一句话也没说就离开了。几天后，经理让施瓦伯到他的办公室去一趟。见到施瓦伯之后，经理问他："你为什么不像其他工友一样休息，学这些东西做什么？"施瓦伯回答说："我觉得公司并不缺少来工地打工的人，但是缺少有专业知识的技术人才和有工作经验的管理人才，所以我想多学习一些知识，成为这样的人。"听到施瓦伯的回答，经理赞赏地点了点头。

由于在工作中表现出色，而且具备一定的专业知识，所以施瓦伯不久之后就被提升为技师。对于施瓦伯的高升，工友们讽刺他是"为了赚钱、高升而故意讨好经理"。对于工友们的这些挖苦，施瓦伯并没有理会，只是平静地继续坚持自己的信念，努力工作、努力学习，并将那些学来的建筑知识成功运用到实际工作当中。

因为勤劳和努力，施瓦伯很快成为建筑公司的总工程师，并在25岁的时候，坐上了公司总经理的位子。虽然有了一定成就，但是他却并没有放弃学习，而是将更多的知识运用到建筑作业当中。

如果我们在执行工作的过程中，能够像施瓦伯一样，不断地学习，然后将学到的知识成功运用到企业工作当中，那么我们也会实现自己的成长，在企业中步步高升。但是如果只知道在表面上“镀金”，却不知道如何运用那些知识，那对我们的工作和业绩也不会有任何帮助。

成功不仅在于“知”，更在于“行”。在企业中，无论是管理者还是员工，只有将掌握的知识转化为具体的执行力，才能为企业和个人的发展提供坚实的保障，才能够实现知识的价值，进而成就企业、成就自己。

三、监督文化：带上信仰去执行

◎打造有文化的组织

美国通用电气公司的前总裁杰克·韦尔奇曾说过：“文化因素，是维持生产力增长的最终动力，也是没有极限的动力来源。”如果在一个企业中，员工既不认同企业的价值观，也不认同企业的文化，那么员工们就不会将企业的利益和自己的利益紧密联系在一起，严格按照公司的发展战略和规划去工作，也不能对工作充满积极性和热情。最终结果就是，员工的执行力低下，绩效大幅度降低。

因此，企业在成立之后，不仅要打造自己的企业文化，还要打造企业的执行文化，使企业的组织团队成为一个有文化的组织、有信仰的组织、有执行力的组织。那么，该如何打造企业文化？我认为可以从以下几方面做起：

1. 打造有文化的组织要“潜移默化”，不能“一蹴而就”

企业文化不是一成不变的，它会随着时间、环境的变化而变化，只是变化的幅度远没有企业中其他环节的变化那么大，而且做出改变的时间会很长。之所以会有这样的特性，是因为企业文化是受埋藏在员工心底的、根深蒂固的信仰或价值观影响的，而想要改变这种价值观，是一件非常困难的事情。执行文化的建立涉及企业文化的各个方面，任何一个环节出错，都可能导致失败。因此，要想使企业文化深入到员工的内心当中，改变他们原有的价值观非常不容易，只能长期潜移默化地去改变，而不能一蹴而就。

管理专家们普遍认为，要想建立起一套完整的企业执行文化，最少要用5～10年的时间。这是因为，企业的执行文化支配着员工们的行为模式，影响着他们的信念、价值观以及行为规则，所以需要一个很长的时间来进行塑造。而且，企业的规模越大，越是难以进行塑造。所以，要想塑造企业的执行文化，就要做出打“持久战”的准备。当然，这也不是完全没有方法可行，如果能够为企业制订一个长期有效、切实可行的改变方案，使员工在长期的工作中逐渐树立起执行文化的理念，将有助于执行文化的塑造。

2. 企业文化要不断“修订”，而且要“以人为本”

企业的执行文化不仅形成过程比较缓慢，而且在形成之后，如果有不妥当的地方，还需要进行“修订”，直到它能够适合企业的长久发展。当然，这种“修订”的过程也是一个长期的、缓慢的过程。比如英国航空公司在向私有化转型时，面临的首要问题就是企业文化的转型，这是一个漫长而缓慢的过程。

20 世纪 80 年代，英国航空公司的管理层意识到企业的文化与时代的发展有所违背。于是，为了提高在国际上的地位以及自身的竞争力，英国航空公司的高层决定将企业文化由“漠不关心型”转变为“为顾客服务型”，决定改变对顾客服务质量差的状况，将“把顾客放在第一位”作为执行文化的目标。对于英国航空公司这样一个大型企业来说，这种文化改革是一项艰难的工作，而且实施起来非常困难。但是，他们在不断的改革和创新中始终坚持这一原则，经过长时间的改变，最终取得了显著的成绩。后来，英国航空公司在全球 140 多个国家都设立了分公司，航空业务更是遍及世界各地。但是无论在哪个分公司中，员工们对顾客的优质服务却是没有丝毫改变的。

英国航空公司之所以能够取得这样的好成绩，另外一个主要的原因是因为公司的管理层每时每刻都在为员工的工作、生活着想，这也让员工们对公司的忠诚度大幅度上升，使他们能够努力去适应、配合企业文化的改革和建设。

从英国航空公司企业执行文化的成功改革中我们能够看到，只有适合市场的企业文化才是优质的企业文化。因此，当企业文化与市场需求相违背时，我们就要对其作出相应的调整，即使这种工作很困难，我们也要坚持到底。而且，在改革中，要做到以人为本，那样才能够让员工们主动配合，最终建立起合适的执行力文化。

3. 执行文化的建立与企业各方面的支持密切相关

企业各方面的支持对执行文化的建设有着极大的促进作用。要想建设出适合市场需求的执行文化，令其实现由量变到质变的过程，具体可以分为以下三个方面：

首先，要充分了解、全面审视现有的企业文化。只有了解了现有的企业文化，才能够明白哪里有不合适的地方，才能加以改进。也就是说先弄明白矛盾在哪里，然后再想办法解决矛盾。

其次，建立和实施能够带来改变的执行文化。在了解到企业文化所欠缺的地方之后，找出那些重要的企业价值观和观念、信念等加以改善，然后拟定新的执行力模式。

最后，对新的模式和文化进行长时间的培育。制订出新的、适合市场需求、受员工欢迎的执行文化之后，就要对其进行“温养”和培育，使其逐渐深入到员工内心中，最终起到应有的执行效果。

无论是哪家企业，当它发展到一定阶段之后，原来制订的目标和理念就会失效。因此，企业管理者应该与时俱进，不断修正本企业的执行文化，使其能够适应市场的需要。杰克·韦尔奇曾在一份报告中阐述了自己对企业文化的独特看法，他认为，企业文化应该能够包括这三种观念，即“突破极限”、“提高速度”和“超越界限”。也就是说，企业管理者和员工应该为了提高执行效率和企业的发展速度，不断对企业文化进行创新，利用这些新文化做引导，引发企业的变革。只有实现企业文化与企业同步发展，才能够充分调动员工的工作积极性，从而促进他们的执行力提升。

◎打造执行文化，勿陷雷区

企业在打造符合市场需求、切实可行的执行文化时，需要一段很长的时间。而很多企业都急于求成，希望能够尽快将企业的执行文化打造好。殊不知，如果不能按部就班，一步一个脚印地进行，就很容易走入企业文化的“雷区”，白白浪费大量的时间、精力、资源，而无法打造出符合市场需求同时让所有员工认可的执行文化。

很多企业为了提高自身的执行力，花费了大量的时间和精力去刻意营造企业的执行文化，但是，经过一段时间的努力后发现，那些刻意营造出的执行文化，并不是原本想要的，因此也就无法达到预期的效果。之所以会产生这样的情况，很可能就是因为这些企业陷入了企业执行文化建设的误区。

具体来说，企业管理者在打造执行文化的时候，可能会遇到下面几个误区：

1. 错将执行文化当成企业的“制度”

企业执行文化的作用在于引导和激励员工，而不是用来对员工进行约束。在企业中，具有约束力的是企业的规章制度，只有它才能够有效地约束员工的行为，保障企业的正常经营。如果企业管理者想凭借对企业执行文化的宣传和对员工的熏陶来建立一个有卓越执行力的组织团队，就犯了大错误。因为这样做虽然能够起到一时的作用，实现短期的目标，但是由于只是将企业的绩效停留在口头上，当缺乏经济来源时，这一切取得的成果也将会戛然而止。

所以，企业管理者要想为企业打造出执行文化、将员工们打造成一个有执行力的组织，就不能光靠对企业文化的宣传，而应该用严格的企业制度来对员工进行约束。

2. 只做表面文章

由于很多企业的管理者都认为自己的员工缺乏工作能力，觉得是员工令自己的企业缺乏市场竞争力，因此，他们往往对自己企业的员工不满意。所以，当"执行力"一词出现在管理学中时，马上成了一个时尚名词，风靡全国。很多企业的管理者都认为，想要提高员工的工作能力、提升企业的竞争力，就必须在企业内部打造执行文化。

于是，围绕着执行文化的建设，企业的各部门开始轰轰烈烈地搞起来，所有员工都参与到企业的执行文化建设上来，各种口号、标语以及一些缺乏可行性的制度一股脑儿地蜂拥而至。但实际上，企业的这种做法多数是为了"跟风"，很多企业的口号喊得很响、很漂亮，但都是在空喊，而没有将执行文化切实地运用到企业的建设与发展上去。因此，尽管表面功夫做得很漂亮，但是却没有起到任何实质性的作用。

事实上，一个真正懂得如何建设执行文化的企业，不会乱喊口号，而是将这种执行文化渗透到员工的大脑中，利用它去改造员工的思想，从而提升员工的执行力。

3. 忽视员工的感受

很多企业管理者在打造企业执行文化的时候，完全不顾及员工的想法和感受，而是将他们当做机器一样，直接进行自上而下的强制灌输。俗话说，“强扭的瓜不甜”，如果员工们无法接受这样的执行文化，那么即使强行灌输给他们，他们也不会按照那种方式予以执行。因此，这种“强按牛头喝水”的方法，不仅无法达到预期效果，反而会引起员工的不满，使企业执行文化的建设与推广难以继续下去。

因此，企业管理者要想打造出一套合理有效、能够提升员工工作效率的执行文化，就必须鼓励员工参与到执行文化的建设中来，让他们出力献策，多提有价值的意见。同时，管理者还要加强与员工的沟通和交流，充分了解他们内心的想法和愿望，那样才能打造出符合员工要求的执行力文化，才能够使企业上下一心，共同执行工作、解决问题。而且，由于员工能够直接参与到企业执行文化的建设中来，因此他们也更容易接受这样的执行文化，这对于执行文化在企业中的推广会有很大帮助。

4. 认为企业的执行文化是万能的，能够解决一切问题

有些企业管理者天真地认为，执行文化是一把“万能钥匙”，只要企业能够建立起自己独特的执行文化，就能够解决一切发展中遇到的问题。事实上，这是一种极其错误的想法。

打造企业执行文化本身就不是一个简单的问题，而且，即使通过长时间的努力，打造出全新的企业执行文化，也不代表就能够解决企业在发展中遇到的任何问题。因此，此时的企业管理者还不能高枕无忧，一方面要加强对新文化的巩固，以防止旧文化卷土重来；另一方面还要加强对企业内其他规章制度的建设。在执行文化与规章制度的双重作用下，才能够解决企业发展中遇到的问题。

要想在打造企业执行文化的过程中避免这些误区，企业管理者就应该根据企业的自身情况和实际需求，在企业内部建立起新的目标与要求，然后再以新的发展理念和内涵去充实。如果企业管理者能够对上面所提的四个误区加以重视和警惕，那么在建设企业执行文化的道路上，将会少走很多弯路。

另外，由于所有的事物都在不断发展变化，因此企业的执行文化也应该根据市场和员工的需求进行变动，那样才能够充分调动员工的工作积极性，发挥出执行力文化的作用。

◎执行文化，价值观先行

在企业的经营管理当中，很多生产因素都是可以确定的，唯独有一个因素是不确定的、最令管理者头痛的，那就是执行者，因为人是活的，所以难以给他们定性。但是，在企业的执行过程中却又不能缺少执行者，因为他们是参与执行的主体，缺少了执行者，即使再先进的生产设备，也只是一堆废铁。因此，要想提升企业的整体执行力，企业管理者就必须把全体员工团结起来，让他们为了企业的发展目标而共同努力奋斗。

要想达到团结员工的目的，就必须打造卓越的执行文化；要想打造卓越的执行文化，就必须以价值观为纽带。每个企业在成立之初，都会确立一定的价值观，用以指导企业的经营信念以及最终的发展目标。企业的这种价值观，是全体员工或绝大多数员工的共同意志所在，由于受到共同价值观的影响，因此，员工们能够为了实现共同的目标而团结在一起努力奋斗。

当然，企业的价值观只有深入到每一个员工的内心中，才能够促进员工的执行力，起到相应的作用，如果只是停留在口头上，那也就失去了原本的意义。因此，当企业确定了自己的价值观之后，还要把它变成所有员工都能够认可的共同价值观、共有的企业精神。因此，我们可以这样认为，企业共同的价值观就是企业卓越的执行文化。

由于企业文化是一个以企业的价值观为核心的精神体系，它能够充分调动员工的工作积极性、挖掘员工的潜能，所以，企业的价值观就成了企业执行力的引导因素。企业管理者要想提升员工的执行力，就必须先建立起自己企业的共同价值观。

不同的企业价值观能够使员工产生不同的工作行为，所以那些共同价值观领先的企业，其生产效率也要远高于那些价值观不成熟的企业。因此，如何培养企业的共同价值观，以及在培养过程中该注意哪些问题，就成了每个企业管理者最关心的问题。

下面，我们一起来看一下该如何打造企业的共同价值观以及在打造企业的共同价值观时应该注意的问题。

1. 企业领导所发挥的作用，决定了企业共同价值观打造的成功与否

对于企业内部的员工来说，企业领导就是他们的表率，他们的行为影响着员工的日常工作。只有当企业领导率先遵从企业的共同价值观时，员工们才有可能信服企业倡导的价值观。相反，如果企业提出的新的方针政策，连企业领导都不去执行，那么员工就更不会去执行了，即使被强迫去执行，也不是心甘情愿的，那样执行的结果自然也不会好到哪里去。

所以，企业领导一定要从自己做起，第一个按照企业共同价值观倡导的那样去执行工作，那样才能在日常工作中将企业的共同价值观逐渐渗透给员工，从而使大家一起为企业的目标共同努力奋斗。

为了倡导“将顾客放在第一位”的企业价值观，为顾客提供最优质的服务，海尔集团总裁张瑞敏以身作则，积极响应客户提出的各种要求。在他的带领下，海尔集团的员工也养成了“凡是客户提出的要求，都会迅速反应，马上行动”的习惯。而且，他们都将“客户永远是对的”这句话当做执行理念，并且严格按照这样的理念执行工作。张瑞敏通过实际行动将这些价值观灌输给员工，使他们对其产生共鸣，从而把它转变成执行力。

2. 打造企业共同的价值观，需要“具体情况具体分析”

企业的共同价值观是根据企业的不同发展时期所处的境遇来打造的，不能以同一种企业价值观束缚住企业前进的脚步，而应该做到具体情况具体分析，打造适合企业发展的价值观。因此，正确打造企业的价值观就变得更加困难、更加复杂了。

美国通用电气公司为了打造适合企业发展的价值观，曾采用“360度考核法”来对员工进行考核，以了解他们对企业价值观的适应程度，进而获取调整企业价值观的方法和策略。这种考核方法主要是挑选工龄较长的员工，然后向他们询问关于公司价值观的各种问题，包括公司经营理念、发展战略规划、顾客价值等。然后通过对答案的整合，看这些员工是否认同公司的价值观。如果员工们对企业目前的价值观有异议，那么就请他们说出自己内心的想法。通过这种考核方式，能够让员工们充分了解到自己的价值观与公司提倡的价值观之间的区别，然后通过比对来确认哪种价值观更适合企业与个人的发展，进而进行调整，以适合双方的共同发展。

3. 只有得到员工认同，才能成为企业的共同价值观

员工是企业发展战略的具体执行者，只有当员工认同企业管理者提出的价值观时，这种价值观才能够在企业中得以实行，才能够激发员工的工作激情、提升他们的执行力。

因此，在打造企业共同的价值观时，需要全体员工的全力配合，这样才能够使管理者与员工进行深入沟通、充分交流，才能够让员工把自己内心的真实想法表达出来，而领导者也可以借此机会对共同价值观进行调整与修订。

只有让员工充分参与到企业共同价值观的打造过程中来，才能够令最终创造出来的价值观更容易被员工们所接受，这样，价值观的普及过程也才能够更加顺利。

4. 打造企业共同价值观应该注意的问题——要对员工一视同仁

企业的共同价值观能够对员工起到两方面的作用：一方面，从小的范围来说，它能够规范员工的物质利益；另一方面，从大的范围而言，它能够实现员工的社会价值和精神价值。因此，在利用企业的公共价值观来对员工的行为进行规范时，不能因为他们所处阶层的不同就对员工区别对待，而要做到一视同仁，不忽视任何一个员工，那样才能得到所有员工的认可。

除了上面介绍的三种方法以及一个需要注意的问题之外，要想成功打造出企业的共同价值观，企业还要通过对外宣传等方式，来展现企业员工的个人形象、品质修养以及精神风貌。通过向外界宣扬企业追求的共同价

值观，能够增强员工对企业责任感、归属感，以及对自身的自豪感，这样就更容易打造企业的执行力文化，从而最大限度地发挥员工的工作积极性，提升他们的执行力。

第六章

法则 4:

杜绝一切与结果无关的执行借口

一、果断攻克一切问题

◎借口＋抱怨＝再见！

由于我们身处一个瞬息万变的时代，在职场中工作的人们会经常面临各种突如其来的变化：工作成本的变化、企业人员的变化、竞争对手的变化、市场的变化……对于这些随时会出现的各种变化，我们不能找借口逃避，也不能只抱怨而不工作，因为那样都只会给我们带来失败。要想获得成功，就必须充分发挥自己的主观能动性与对工作的责任心，学会克服、适应这些变化，进而向遇到的困难发起挑战。

1. 拒绝借口和抱怨，成功，从认真执行开始

在执行过程中出现问题有多方面的原因，也许是决策本身有问题，也许是外部资源供应不及时导致问题，也许是执行者能力不足、出现失误导致问题产生……无论哪方面出现问题，如果不能确保顺利执行，完成任务，那么就会对企业和个人的发展产生不良影响。所以，任何一个执行者都应该认真对待自己的工作，并且克服在执行过程中遇到的一切问题，确保执行完成，而不是去找各种借口搪塞问题、为自己开脱。

一位律师想要拜访日本著名的商人平原一郎，请求预约。当时，平原

一郎正在忙着工作，就没有答应对方。

结果律师并没有因为平原一郎的谢绝而放弃，而是向他说：“很抱歉打扰您，但是无论如何请您抽出一点时间，我可以每小时付您200美元的酬金。”

看到对方的态度如此诚恳，平原一郎觉得对方一定有什么重要的事情需要自己帮忙，于是答应和对方谈半小时。

原来，那位律师是一家美国公司的法律顾问，由于该公司与日本一家企业达成了合作意向，需要一名监督人去监视日本企业是否能够遵守合约，所以想请平原一郎为他们推荐一个合适的负责人，一个月付3000美元的酬金。律师拿出公司老板给平原一郎的信说：“因为您是美国人的朋友，所以我们相信您介绍的负责人一定可靠。”然后，他又拿出了公司同日本企业签订的合作协议让平原一郎看。

平原一郎看完这份协议后，不仅笑了起来。原来，在美国人眼里，这也许是一份完美的合约，但是在日本人看来，却是一份漏洞百出、暗算人的协议。于是，平原一郎不仅给这位律师指出了合同中的所有漏洞，而且还向他推荐了一位可靠的监察员。对此，那位律师非常感激，对平原一郎一再道谢，因为他不仅帮自己推荐了合适的监察员，还指出了合同中的各种漏洞，为公司避免了很多损失。

从这个例子中我们能够看到，无论是那位律师还是平原一郎，都是执行力超强的人。律师在平原一郎拒绝之后，并没有放弃，而是找方法说服对方与自己进行商谈，并最终完成了任务。而平原一郎在接受了商谈后，也没有因为自己工作忙而敷衍了事，而是认真地帮对方修改合同、推荐负责人。

所以，在日常工作中，我们也要像他们一样，想办法执行工作、完成任务，并认真地对待每一件工作。

2. 要想成功，请放下你的抱怨和借口

在日常工作中，很多员工都会给自己找各种借口来掩饰自己工作中的失败。如果“找借口”成为一种习惯，将会是一件非常可怕的事情，因为借口会粉饰我们的心态、消磨我们的意志，进而使我们的执行力大大降低。如果一个员工经常为自己找借口，长此以往，他就会逐渐忘掉自己的责任，同时缺乏对工作和事业的激情，最后沦为一个毫无斗志、无药可救的职场“胆小鬼”。

所以，要想成功，就必须将抱怨和借口丢到一边，无论遇到何种困难和问题，都要想办法去解决，而不是推卸责任。

约翰是一家汽车公司的员工，在工作半年之后，他觉得自己有能力胜任更有挑战性、更能发挥自己能量的工作。于是，他向老板毛遂自荐。老板听到约翰的想法之后对他说：“公司马上要接收一批新的生产设备，但是还缺少一个负责安装的人。我可以让你负责这项工作，但是不保证给你加薪。”

尽管约翰之前并没有学过任何关于这些新的机械设备方面的知识，但是他不愿意放弃这个难得的机会，于是，他自己花钱请来一些专业技术人员帮助自己完成安装工作。结果，在约翰的努力下，安装工作顺利完成，而且比老板规定的时间还早了一个星期。

老板对约翰的执行结果非常满意，不但将他的薪水涨了几倍，而且还提升他做新生产线的项目主管。后来，老板对约翰说：“其实我早就知道你不懂技术方面的知识，之所以让你负责这项工作，主要是想看看你对工

作的态度。如果当初你随便找个借口推辞掉，我就会马上让你走人，我最不喜欢找借口的员工。你果然不负众望，我很满意。”

不找借口的人，体现出的是一种负责、敬业的精神，是一种服从、诚实的态度，更是一种超强的执行力。因此，不找借口的员工才是老板最需要的，不找借口的员工才能获得最后的成功。

西点军校的《军号备忘录》手册中写着这样一句话：“要培养军校学员不找借口的习惯。”在战场上、在军队中，借口可能就意味着失败、意味着死亡。同样，在商场上、在企业中，借口可能就意味着失去发展的机遇、失去成功的机会。也许在执行过程中会遇到各种问题，但是作为一个富有执行力的员工，他们不会给自己找借口，也不会去抱怨，而是去寻找各种方法解决遇到的困难和问题。因为他们明白，抱怨和找借口，只会招致失败！

◎业精于勤，行动起来

我们常说“天下没有免费的午餐”，成功的果实是在“辛勤”的培育和“汗水”的浇灌中得来的。只有勤劳、善于行动的人才能够摒弃懒惰、不断进取，才能获得最后的成功。因此，任何一个渴望成功的人，都应该付出实际行动。

1. 懒惰，是阻碍我们成功的最大敌人

许多人身上都有一个很大的特点，那就是懒惰。懒惰是人们最致命的弱点，它只会消磨我们的斗志，使我们精神沮丧、无所事事。而且存在懒

惰心理的人还会寻找各种借口来为自己的失职与不作为找借口，结果，一些本来很容易做、很好做的事情到了他们那里就成了困难和难题，不是因为他们不能做，而是他们根本不去做。

有一位旅行者曾经花费了一生的时间去周游世界，他走过很多地方，也见过许多奇怪的人。通过观察，他对不同地方、不同国家的人都有很深刻的认识与了解。当有人问他能不能总结出所有民族的共同点的时候，这位旅行者思考了一会答道："所有民族最大的特点就是好逸恶劳。"

英国学者罗伯特·伯顿曾写过一本剖析人类性格的著作——《忧郁的剖析》，在书中他这样写道："一些负面的、不好的东西，诸如沮丧、精神抑郁等，总是与人们的懒惰、无所事事紧密联系在一起的。所以，我们一定要记住这一点：千万不要向懒惰让步，否则就可能像江河决堤一般一发不可收拾。只有谨记这一点，你的身心才有寄托和依靠，才能得到幸福和快乐。"

也许很多人都希望过"衣来伸手，饭来张口"的生活，希望不劳动就获得成功、取得收获。然而，这种想法是不切实际的，从古至今，我们从来没有听说过任何一个人是因为懒惰而成就事业的。因此，在企业的日常工作中，我们要消灭"懒惰"这只蛀虫，这样才能提高我们的执行能力，才能对企业、对自己负责。

2．"业精于勤"，行动是成功最大的保证

古人说："业精于勤，荒于嬉。"只有勤劳的人才能够取得收获，只有行动起来的人才能获得成功。

爱因斯坦小时候很笨拙，做事笨手笨脚，人们甚至觉得他有点傻。有一次，在一堂手工艺制品课上，爱因斯坦做了一个小板凳，但是小凳子非

常难看，而且歪歪扭扭，一副随时会散架的样子。当老师看到爱因斯坦手中的小板凳时，嘲笑他说："世界上还有比你做的这个小凳子更差劲的吗？"这时，爱因斯坦从课桌的抽屉里掏出了另外一个凳子，并对老师说道："老师，这个是我做的第一个小凳子，给您的那个要比这个好一些。"

从故事中我们能够看出，尽管爱因斯坦小时候很笨拙，但是他却没有放弃行动，在做了第一个小凳子之后，他又做了第二个，并且有所进步。正是这种坚持行动的精神，才使得他在以后的日子里坚持学习，最终成为一位伟大的科学家。而那些比他心灵手巧、智慧过人的人，却并没有都取得成功。阿里巴巴的总裁马云也经常说自己"脑子很小，很笨"，但正是这个"笨孩子"，最终取得了世人瞩目的成绩。原因不是别的，正是因为他一直在坚持、在行动。

真正的天才毕竟是少数的，而且即使是天才，也要经过努力、经过行动才能取得更高的成就。对于执行企业中的工作来说更是如此，行动才是最大的保障，如果我们不主动去做，工作是不会自动完成的。成功没有捷径可循，因此，无论是个人还是企业，要想获得最后的发展、取得更好的成果，就必须摒弃懒惰的思想，行动起来。

◎心态不对难长久，投机取巧有尽时

有一份报纸在刊登招聘教师的广告时这样写道："工作很轻松，但是需要一个全心全意、尽职尽责的人。"事实上，不仅教师的工作岗位如此，其他所有的工作人员也都应该对工作尽职尽责，只有抱着负责的心态，才能够确保我们的执行力。另外，可能有些员工会因为自己的职位低、薪酬少，所以就经常在工作中投机取巧，不去认真工作，忽视自己应尽的责任，而这则会降低我们的执行力。

因此，任何一位员工都应该端正自己的态度，在工作中尽自己最大的努力，以求得不断的进步。这不仅是在工作中应该遵循的原则，更应该是一种人生的原则。

1. 专注于自己的工作，才能将其做好

在为纽约州的一所学校作演讲时，一位美国总统对学生们这样说："你们应该学会怎样将一件事情做好，如果能够比其他有能力做这件事的人做得更好，那么你们就会比他更成功。"一位成功的经营者也曾说过同样的话："如果能够真正制好一枚别针，就能比制造出无用的机器赚到更多的钱。"

工作不分贵贱、难易，只有专注于自己的工作，才能够获得成功。工资再少的工作，如果我们能够成为那方面的专家，也是一种成功；执行再困难的工作，只要我们投注精力与时间，也总能够将其解决。相反，工资再高，如果我们做不好工作，也不可能拿到工资；事情再容易，如果不认真去做，也无法完成。

那些技术不熟练的泥瓦工和木匠，即使能够将砖石和木料拼凑在一起用来建造房屋，但是这样的房屋在未售出之前，就已经在暴风雨中坍塌了，又怎么会有人来买？如果医生不好好学习，在医术不精的情况下就给病人看病，就会让病人冒极大的生命危险，这是对工作的不负责、对病人的不负责，更是对生命的不负责。

所以，员工们应该下决心掌握自己工作范围内的所有问题和技巧，让

自己懂的比他人更多、业务比他人更精通。如果能够精通自己的业务，成为自己工作领域内的专家和权威，也就能够获得成功、赢得良好的声誉。

某人向一位大师请教：“您的一生如此伟大，完成了这么多的工作，请问您是如何做到的？”大师回答道：“很简单，当我做某件事情时，我会集中精力在一段时间内只做这件事，直到彻底做好它。”

知道怎样做好一件事，远比对很多事情都懂一点皮毛更强。如果没有对自己的工作负责、没有认真去做，又怎么能因为做不好而责怪他人、责怪企业呢？所以，对于自己的工作，一定要专注去做，并将其做好，这样才能获得成功。

2. 要想成功，切忌投机取巧

很多人都为这样的问题困惑不解：为什么明明自己比别人更有能力，但是最后别人获得了成功，自己却还在原地徘徊？对这一问题存在疑惑的人，不妨先问一下自己：工作的时候，自己是否认真，而没有投机取巧？如果问题的答案是肯定的，那么这就是你无法获得成功的原因。投机取巧的心态是一种对工作不负责的心态，有这种心态存在，又怎么能够做好工作？无法做好自己的工作，又怎能获得成功、取得成就？因此，要想获得成功，就必须杜绝这种投机取巧的心态，认真去做属于自己的工作。

投机取巧的行为其实是一种习惯，如果我们从小就杜绝这种行为，那么在以后的工作中也就不会出现这种习惯；如果一旦从小养成了这种心不在焉、懒懒散散的坏习惯，那么进入社会、参加工作后，也会以这种态度对待工作，那么也就不可能出色地完成任务，这样对于个人和企业的发展都是有害的。

如果企业中存在“浑水摸鱼”的员工，那么企业整体的执行力就会下降、管理层的战略规划和企业目标就无法顺利实施；如果企业中存在“浑水摸鱼”的领导，将会给企业造成更严重的影响，他不仅无法执行好自己的工作，也会影响下属的工作。这样一来，员工与领导者个人的缺点就会渗透到整个企业发展中去，对企业造成极坏的影响。另外，对所做工作不能善始善终、认真负责的员工，他们也会存在相同的心理特质：意志不够坚定、难以培养出自己的个性，而且贪图享乐、难成大器。

因此，无论我们执行什么工作、做哪种事情，都要竭尽全力、认真负责地去做，因为这种态度决定了我们日后在事业上的成败。一个人如果能够全身心地投入到工作中去，那么也就能够从工作中获得乐趣，从而消除工作带来的辛苦，而且，企业也正需要这样的员工。所以，我们要避免“浑水摸鱼”的心态，全身心地、积极地投入工作当中，想办法将工作做好，这样才是一个富有执行力的员工，才能实现个人的最终的成功。

二、灵活应变，理智出结果

◎服从，你真的“服”了吗？

虽然“服从”这个词语更多的是用在军队里，但是在企业的日常工作中，下级对上级的服从也是必不可少的。西点军校的毕业生卡尔·劳恩，也就是劳恩钢铁公司的总裁曾经说过："军人的第一件事情就是学会服从，整体的巨大力量来自于个体的服从精神。"威廉·拉尼德上校对"服从"一词做了更为细致生动的描述："上司发出的命令，就如同大炮发射出的炮弹，在命令面前你没有什么可以辩驳的，你要做的就是绝对服从。"

一个优秀的管理者应该时刻牢记："管理者的成功与否，有很多地方就是取决于他有没有学会服从！" 而在我们的日常的工作中，企业的每一位员工也必须秉持这种"服从上级"的精神。

作为一个企业的管理者，如果他的团队中的下属不能无条件地服从他的命令，那么在企业发展的道路上必然会有这样或者那样的问题和障碍。企业的整体执行能力必然会受到大大的影响。反之，团队的整体执行能力就会得到很大的提高，企业团队也必然会在激烈的竞争中脱颖而出。企业管理者的成功与否，在很大程度上也是取决于他的企业员工有没有学会绝对的服从。

1. 服从是一种执行能力

一般来讲，服从上级是一个员工应尽的义务，更是其执行的第一步。执行又是员工行动的保障。因此，一个合格的高效的企业员工就必须有很好的贯彻服从理念，这也是一个优秀员工执行力的前提。

美国通用电气的前董事长兼首席执行官杰克·韦尔奇曾经说过："在我的员工接受任务的时候，我最不喜欢听到下属说'NO'，我只喜欢听他们说'YES'。当我要将任务交给我的员工的时候，我都希望他们能够愉快地接受，并且说一句："我一定尽最大的努力做好。"

美国通用电气公司如此，其他公司也是这样。一个企业要想实现生产经营目标，企业员工就必须具备服从精神。因为只有员工具备了较强的服从精神，那么员工在工作中才能有高效的执行力，从而以最快最经济的方式完成企业预定的经营目标。与之相反，如果这个企业中的员工没有服从精神，那么他就缺乏有效的执行力，这对企业的短期工作目标来说是一个障碍，对于企业的长远发展的影响也会很大。

在工作中，员工服从领导安排，更多是强调员工的忠诚和做事的能力和态度。在工作中能够绝对服从领导安排，并且将这种服从转化成工作中的执行力，是一个优秀员工必备的素质。员工在接受任务安排的时候，首先要想的是如何完成任务，而不是去想完成这项任务如何困难，更不要在执行之前就畏首畏尾，担心完不成会有什么不好的后果。

在工作中，一个不懂得服从的人，永远也学不会管理。“只有今天会服从的人，明天才可以指挥别人。”在生产力日益壮大的今天，企业老板们都喜欢任用愿意服从的员工，因为只有员工具备了很强的服从性，才能更好地去完成老板交给的任务。

服从是行动的第一步，作为服从者，就必须遵照领导指示做事。作为员工就要暂时放弃个人的观念和主张，要根据公司的价值观念来调整自己的执行力。一个合格的员工必须不断地服从领导安排，进而对公司的价值观和运营方式有更加深刻的了解。只有这样才能真正与企业融为一体，在执行中才能以企业发展的目标为目标，从而促进企业的发展壮大。

2. 服从是第一生产力

在现实社会中，企业竞争也日益激烈。不乏有一些公司会因为员工不能很好地服从领导管理最终倒闭。作为一名优秀的企业员工，要时刻谨记：

服从是第一生产力。一个合格的员工必须不断地服从领导安排，才能对公司的价值观、运营方式有更为深刻的认识。服从，也是一个优秀员工必须接受的严峻考验。

有一位叫普尔顿的年轻人在可口可乐公司工作，有一天他的上司交给他一个任务。这个任务就是让普尔顿去一个地方开辟新的市场，但是这个地方地理位置偏僻，并且大家都认为没有任何市场潜力。在此之前他的上司也将这个任务分配给其他人去做，但是都被推脱掉了。因为大家一致认为这个地方偏僻荒凉没有什么商机可言。但是普尔顿在接到上司的指示时，却什么也没说。他带着公司的产品出发了。

实际上普尔顿也很清楚那个地方的情况，就现在来看根本没有什么销路。但是普尔顿没有气馁，通过他强大的服从意识和不懈的努力，几个月之后这个不被人们认可的地方也成了一个巨大的潜在市场。

在某种程度上讲，服从是第一生产力。如果说“服从第一”这一理念不能很好地被每一个员工所接受，那么公司在发展中必然会有更多的阻碍，也必然会在激烈的竞争中被淘汰出局。所以，作为一个合格的员工，就必须对上司所做的安排服从并认真执行。只有拥有这种绝对服从的精神，才能在工作中适应企业的不断变化，从而将领导的安排变成强大的执行力。服从，更是一个优秀员工在工作中必须接受的考验。

毋庸置疑，一个高效的企业必定将“服从”作为企业对员工的要求，而这样的企业也一定拥有大批懂得服从的员工。所以说，要想在职场生涯中不断前进，就一定要把服从作为工作的第一要义，只有这样，才能使自己逐渐在激烈的竞争中脱颖而出。

只有企业和员工都具备了强烈的服从意识，才能使员工在该执行的时候义无反顾，才能使企业在竞争中站稳脚跟、不断开拓。

◎机遇，有今天没来世

常常会有人感叹时运不济，却不知这“时运”不过是“机遇”的另一种符号。那些成功的人之所以能够取得成功，除了自身的不懈努力之外，最重要一点就在于他们能够把握机遇，利用机遇。这也是人们常说的三分靠努力，七分靠机遇。人如此，企业亦然。

在市场竞争日益激烈的今天，有些机遇对于企业的发展来说是可遇不可求的。机遇总是稍纵即逝，抓住机遇，才能使企业在激烈的竞争中抢占先机，立于不败之地。

三国时期诸葛孔明“草船借箭”，是众所周知的一个故事。就是这“草船借箭”，使得诸葛亮一箭三雕，成为流传千古的佳话：一是欺骗曹阿瞒，二是以此来气周瑜，第三则是保全自身。如今，人们关注的已不是当年复杂的政治局势，而是诸葛亮超乎常人的洞察力。

1. 机遇垂青于那些有眼光、能冒险、勇于挑战的人

其实在现实生活和工作中“机遇”常在，但是很多人却对之视而不见，只有少数人在机遇到来之时能够抓住机遇。而这些人恰恰就是那些有眼光、能冒险、勇于挑战的人。

美国巨富亚默尔少年时，只是一名小农夫。19 世纪中叶，美国加州出现了一股淘金热，“淘金热”吸引了无数的美国人。当年的亚默尔还是个

17岁的贫穷农夫。他也因为报纸上一则有关“加州发现了大金矿”的新闻而被卷入这股发家致富的热潮。

当亚默尔到达西部加州的时候发现，这里荒山野谷，气候燥热，水源奇缺。缺水成了淘金人最大的难题。这时候亚默尔发现这是一个潜在的巨大的机遇。

在一片“渴望有水喝”的叫喊声中，亚默尔权衡利弊，毅然放弃了淘金，而是选择寻找水源，然后向淘金者出售饮用水。

后来，许多淘金者都相继离开，而亚默尔则以卖水奠定了其今后事业发展的基石。几年过后，亚默尔成了美国屈指可数的大富翁。

亚默尔后来创办了亚默尔公司，他的事业也是蒸蒸日上。亚默尔之所以能够在短短几年的时间取得如此大的成就，在很大程度上取决于他所具有的惊人的敏锐眼光。

此外，他敢于冒险，敢于在所有人都在淘金的时候放弃淘金而寻找水源。正是他这种敏锐的眼光和能冒险、勇于挑战的精神，使他抓住机遇，获得了成功。

企业在其发展的过程中，也要靠企业领导者在不断变化的环境中抓住企业发展的机遇，从而使企业在发展的道路上能够寻求新的突破。

2. 通过学习，提高抓住机遇的能力

人生充满机遇，机遇对于每个人来讲也是公平的。但是有些人能够抓住机遇，而有些人却让机遇悄悄溜走；有些人不断努力地去创造机会，而有些人却只是苦苦等待机遇的到来。

那么如何能够在机遇稍纵即逝之时抓住机遇？如何能让机遇成为自己

成功的基石？除了要有敏锐的眼光和勇于冒险的精神之外，还要不断学习，提高抓住机遇的能力。

首先，要学会反向思维。

机会是可遇不可求的，很多人在苦苦寻觅机遇，最后总是一无所获，原因在于他受思维定式的影响。虽然说在环境不变的情况下，定式使人能够利用已经掌握的方式方法准确而迅速地解决问题。但是在环境发生变化的时候，这种思维定式只会妨碍人的思维扩散。在一定程度上消极的思维定式是束缚创造性思维的枷锁，而机遇恰恰就处于“定式”之外。所以，不要人云亦云，要有自己独特的见解，这才是把握机遇的关键所在。

其次，要学会科学地分析问题。

“经验主义”的时代早已不复存在，社会发展进入“科学”的时代。对于“机会”而言，无疑也被划入科学的范畴。作为企业的领导者，在企业发展遇到好的机遇的时候，更应该科学地分析。统观外部环境、分析机遇的潜在价值，从而结合企业自身状况，制订发展战略。从而抓住机遇，付诸行动。

◎行动！行动！行动！

对于国家而言，是“空谈误国，实干兴邦”；对于企业来说，是“空谈招致失败，行动带来业绩”。一个富有执行力的人不仅能够制订出计划，更会根据计划行动起来，毕竟只有行动才能做出结果，只有行动才能达到最终的目的。有“士兵将军”之称的美国著名将军布莱德利曾经说过：“只有在行动中，我们才能够感受到生命的悸动，才能够实现生命的价值，才能够变得智慧、变得勇敢、变得坚毅。”

1. 成绩从行动中来

企业和个人要想获得成功，就必须有一个发展的计划；而要想实现这个计划，就必须付诸实际的行动，只有行动起来，才能够实现我们的梦想。

中信泰富集团主席荣智健曾说过这样的话：“危机不可怕，可怕的是我们没有面对危机的勇气。”在遇见困难时，荣智健的第一反应绝不是坐以待毙，而是马上行动起来，寻找方法解决问题。他始终认为，只有做出切实的行动，才能真正解决问题。

1978年，荣智健和两个堂弟在香港创办了自己的公司——爱卡电子厂。经过几年的努力，电子厂运营得非常好，荣智健赚到了自己的“第一桶金”，但是他却没有就此停止。

1982年，荣智健孤身一人带着以前积攒下来的资金来到美国，整日奔波，以获取相关的商业信息。经过努力，荣智健从IBM公司挖走了几位高级工程师，并和他们一起创办了一家自动设计公司，简称CADI。新公司成立后，两位电脑软件专家负责软件的开发和生产，而荣智健本人则负责从事产品的市场营销，开拓香港和内地的市场。在几个人的通力合作下，CADI公司发展得非常顺利，而且很快就引起了美国一家设计电脑硬件的公司的关注，该公司的负责人表示有兴趣在荣智健的自动设计公司中进行投资。经过协商，荣智健同意该公司收购自动设计公司28%的股份。

1984年，公司成功上市，而且股票刚一上市，就一路上涨，不到一个月时间就翻了40倍。但是出人意料的是，荣智健卖掉了自己在公司的股份，套回了现金。此时，荣智健赚到了自己的“第二桶金”。但是他依旧没有停止前进的脚步，而是开始在香港的其他行业进行新的投资。

回到香港后，荣智健将自己经营的所有公司全部卖掉，在 1987 年初，就任中信集团的副董事长兼总经理。在经过几年对香港市场的了解后，荣智健将目光放到了国泰航空公司上面，他认为这是一家极有发展潜质、能够带来更高经济效益的企业。最终，他克服各种困难，在国务院的支持下，购入国泰航空 12.5% 的股份。

1990 年，在荣智健的积极筹划下，中信集团又收购了香港电讯两成股份。这一决策在 1993 年收到了极为丰厚的回报。由于香港电讯的股票猛涨，因此中信集团当初的收购获得了巨大的成功，甚至被英国著名的金融杂志评为“1990 年世界最佳融资项目”。

眼光长远的荣智健在获得了这一系列的成功之后，并没有停下前进的脚步，而是继续利用自己的商业头脑和独到的发展眼光，收购了泰富发展有限公司与恒昌实业。此时，中信集团在香港已经确立了龙头的地位。

香港舆论曾对中信集团做过这样的评价：“最近几年，中信在香港的发展速度和规模，堪称独一无二。”而中信之所以能够取得如此辉煌的成就，与荣智健理性的应变能力和高超的执行力是分不开的，正是在他实际行动的带领下，才确保了执行的顺利进行，从而造就了最终的辉煌。

从荣智健的成功中我们能够看出，只有切实行动起来，才能保证计划的执行，才能取得最后的成功。如果荣智健在获得“第一桶金”和“第二桶金”之后，就停步不前，也就不会有后来的成功；如果不是荣智健用自己的行动排除各种困难，也不可能那么顺利地完成各种收购。因此，成绩从行动中来，缺少了行动，就不可能做出成绩。

2. 培养员工的行动意识，以制度来提升他们的行动力

由于不是每个人都能够将自己的想法转化为实际行动，也不是每个员工都能够在接受任务之后就马上付诸行动。因此，企业管理者可以通过以下两个方面来提升员工的行动力，确保他们能够及时执行。

首先，要培养员工的行动意识。

意识是首要的，只有存在行动的意识，才能够主动行动起来，积极投身于工作当中，因此，企业管理者要想办法培养员工的行动意识，以提升他们的行动力。

为了培养员工的行动意识，管理者一方面要向他们灌输企业的价值观和文化，另一方面要对员工表现出足够的关怀和赏识，将他们当做企业的一员来看待。如此一来，员工才会认同企业，并将企业的利益与个人的利益联系在一起，从而培养出行动意识，积极地行动起来。

其次，利用规章制度来确保员工的行动力。

在企业中，员工的行动还要依靠规章制度来进行保障，在制度的约束下，员工们能够更好地行动起来。比如，一件任务下达之后，如果没有给员工规定完成的时间，也许他们就会拖延下去，致使任务不能被顺利执行；如果规定期限，那么员工将会感受到压力，然后尽快行动起来，予以执行。所以，对员工行动力的提升，规章制度的约束是必不可少的。

行动是执行的前提，在了解了行动的重要性，并掌握了提升行动力的方法之后，不要再等待下去，而要赶紧展开行动，这样才能完成任务，取得成功。

三、执行，因专注而可靠

◎不怕多做一点点

很多员工在工作中都觉得自己的工作量大，想逃避自己的工作，少做一点。而当企业领导要求加班或者多做一点工作的时候，他们总会找各种借口推脱。事实上，每天多做一点，对我们不仅没有害处，反而是一种好处。有一位从基层员工一步步走向成功的企业家曾说过这样的话："每天多做一点点，你就能够从同事中脱颖而出。这样领导才会信任你、赏识你，才会给你更多的发展机会。"

我们为什么要提倡每天多做一点呢？原因有以下两个：

1. 每天多做一点点，就能够提升我们的竞争力，使我们变得更优秀

为什么同时进入公司的同一个部门，有的人在不久之后就得到升迁，而有的人却在自己的位置上待几年甚至十几年都不动地方？为什么能力相似，有的人做领导，有的人却只能做基层员工？原因不是因为别的，正是由于那些成功者能够在每天都比别人多做一点点。

也许我们在学校的时候都是佼佼者，但是当我们进入企业之后，一切都要从零开始学起。而且，能够与自己一起进入企业的同事，每个人都曾经是优秀的。如果我们在这样的环境中不认真学习、努力工作，那么我们将会被同事所淘汰。只有每天多做一点，才能逐渐积累起丰富的经验，让自己变得更加优秀，从同事中脱颖而出。

每天多做一点工作，可能会占用一定时间，但是同样会有更多的收获，比如提高自己的工作能力、得到领导的赏识和信任等。与所占用的时间成本相比，这样的收获还是很值得的。而且，每天多做一点工作能够让我们变得更加积极、更加主动。

世界知名投资顾问卡洛·道尼斯最初为汽车制造商杜兰特工作时，只是一名很普通的员工，但是在自己的努力下，他最终成为杜兰特的得力助手，并担任一家子公司的总裁。卡洛·道尼斯成功的秘密就在于能够“每天多做一点”。

在刚参加工作的时候，道尼斯发现，每天下班当其他员工都离开公司之后，杜兰特还会继续留下来工作，并且会工作到很晚。为了能够帮助老板做点什么，减轻杜兰特的工作压力，道尼斯在每天下班之后也会留下来，看看有什么能够帮忙的。没有人要求道尼斯这样做，但他依旧这样做了。

杜兰特在工作的时候经常需要查找一些资料，并打印相关文件，本来这些工作都是他一个人做，但是当他发现道尼斯留下来帮忙之后，就将这些工作交给了道尼斯。逐渐地，杜兰特养成了这种习惯，一有事情，就找道尼斯帮他做。而且他发现，道尼斯在工作的时候非常认真，做的工作也令他非常满意。而道尼斯因为对工作的诚心和认真负责的态度，获得了杜兰特的赏识和认可，赢得了更多升迁的机会。因为，当公司有了升迁机会时，杜兰特第一个就想到了道尼斯。

由于企业在不断地发展成长，作为企业的一名员工，其职责范围也在逐渐扩大。当职责之外的事情分配给自己时，不要逃避，更不要把自己当成局外人，而应该积极地承担起那份责任，将事情做好，也许就能获得实现个人发展的机会。所以，多做一点，对于我们而言不是什么坏处。

2. 每天多做一点点，才不会消磨我们的意志与能力

每个人在工作中的能力都不是凭空得来的，是需要不断进行培养的。如果一个人安于现状、不思进取，那么他的工作能力就会停步不前，甚至会有所倒退，而且他的意志也会被逐渐消磨殆尽。因此，要想实现个人的发展，就要想办法提升自己的能力，而不能让其倒退。而“每天多做一点点”，正是一种培养我们能力的好方法。

如果能够养成“每天多做一点点”的好习惯，就会有很多收益。

首先，当这种好习惯养成之后，就能够提升你的能力，将你与那些平时懒散的人区别开，而这，就是你的一种优势，能够让你受到老板的赏识和顾客的欢迎。

其次，在多做事情的过程中，能够为我们积累更多工作经验，磨练我们的意志，使我们在遇到更加困难的问题时，解决起来也能够游刃有余。

只有拼搏才能产生巨大的力量、只有努力才能实现个人的成功，这是永恒不变的法则。每天多做一点点，不仅能体现出自己的勤奋，更能够提升自己的工作能力和工作技巧，使自己具备更加强大的力量，从而摆脱工作中遇到困境。

◎锁定每一个细节

“合抱之木，生于毫末。九层之台，起于垒土。”即使万里长城，也是一块砖一块砖垒起来的。在《细节决定成败》一书中，汪中求曾写过这样的话：“芸芸众生能做大事的实在太少，多数人的多数情况总只能做一些具体的事、琐碎的事、单调的事，也许过于平淡，也许鸡毛蒜皮，但这就是工作，是生活，是成就大事所不能缺少的基础。”

这些都告诉我们，工作没有小事，只有做好了小事、把握住了细节，才能够获得大的成功。而一个不愿意干小事、不注重细节的人，永远也做不成大事。因此，无论是企业的管理者还是普通的员工，都要从小事做起、从细节抓起，认真地干好每一件工作。

1. 只有抓好细节、做好小事，才能获得大的成功

对于任何一个公司来说，公司的每件大事都是由员工做的一件件小事组成的，要想做成大事，就必须先做好小事。对于个人来说，他最后的成功也都是由一件件小事逐渐累积起来的。因此，千万不要忽略了工作中的那些小事，小事做成了，大事也就能做成；小事出现失误，也会影响到企业的整体发展。

张伟毕业后进入一家大型公司工作，他从小就有做事不服输的精神，因此在参加工作后，他下定决心努力做好工作当中的每一件事。

由于在大学期间培养了深厚的文化基础，张伟的才能很快就显现出来，公司总经理安排他做员工的辅导工作。于是，张伟充分运用自己所学的理论知识，积极地为员工们做培训。在向员工传授知识的同时，张

伟也给团队带来了无限的工作激情。见到张伟工作做得好，总经理对他大加赞赏。

培训结束之后，为了将员工在培训期间的学习心得广泛传达到公司内部，公司高层决定将其汇编成一部刊物，在公司内部发行。这个工作计划制订之后，总经理马上想到了张伟，于是就任命他为刊物的主编。接到总经理的任命之后，张伟立刻行动起来，开始在员工内部积极征稿，并着手编排工作。半个月后，在张伟的努力工作下，刊物顺利出版，并且受到公司所有员工的一致好评。

看到张伟的工作能力如此出众，而且对工作积极主动，总经理对他非常赏识，很快就将他提升为办公室人事主任。

从张伟的成功历程中我们能够看到，正是由于他对所有的小工作、小细节都做得非常好，所以才赢得了领导的赏识，并获得了升职。如果张伟凭借自己的学识恃才傲物、眼高手低，那么他很难做好那些琐碎的工作，更不可能展现出自己的工作能力，获得领导的赏识。

任何企业管理者都喜欢那种愿意付出，并且注重工作中的细节，能够在实际工作中考虑周全的员工。因此，要想获得成功，就必须用心做好身边的每一件小事，把握好每一个细节，从而把握住每一次机会。

2. 抓不住细节，容易与成功失之交臂

我们不得不承认这样一个事实：在通往成功的道路上，真正的障碍并不是那些明显的困难，而是那些不起眼的、容易被忽视的小事情。就像一个人在路上走的时候会躲开大石头，但是却容易被小石头硌到脚。因此，有时可能会因为一点点疏忽和轻视，而导致所有的工作都付诸东流。

在酒店服务中，员工们每天都要保持对顾客微笑、热情回答顾客的问题、打扫房间等，这些事情虽小，却决定了酒店的成败。如果酒店的员工们做不好这些小事，那么酒店的等级也会随之发生改变。

某酒店要评五星级酒店，于是在评审团到来之前，酒店董事长让员工们做好充足的准备。当陪审团到来的时候，他们受到了热烈的欢迎，他们看到，每一位员工的脸上都带着真诚的微笑，酒店的食物做得也非常细致，对于他们的任何一个问题，都有人详细地解答。对于这样的服务，评审团的成员们非常满意。

就在他们准备向这家酒店授予“五星级”的称号时，一个评审团的成员发现了一个问题：在一间贵宾卧房床上，雪白的床单上竟然有一根头发。虽然这根头发不是很明显，但还是被评审团的成员发现了。原来，酒店的服务人员在换床单的时候，忘记了带发套，因此遗留了一根头发在上面。

根据相关的评审规定，这家酒店最终没有被评为五星级酒店。

只是一个小小的失误，却使得之前所有的努力都白费了。从这个故事中我们能够看出，细节对于成功来说不是可有可无的，而是至关重要的。抓住了细节，才有可能获得成功；而忽视了细节，则注定要与成功失之交臂。

成功不是一蹴而就的，而是需要一步一个脚印地不断积累，需要一步一步地向前迈进。因此，不要觉得自己做的工作很渺小，也不要妄想能够一步登天，只有做好工作中的小事，把握住工作中的细节，才能获得最终的成功。

◎执行计划要谨慎

计划，是执行过程的准则，也是一种依据。我们的工作能否顺利执行，在很大程度上依赖于计划制订得是否完善、是否合理。所以，企业管理者在为员工们制订执行计划的时候，一定要谨慎、再谨慎，努力制订出完善的执行计划，这对于成功执行有着很大的助力。

1. 完善的执行计划有助于成功执行

由于员工们在执行工作的时候，都是依据执行计划进行工作的。因此，一项完善的执行计划能够为企业节省大量的资源，保证执行的最终成功；相反，一项漏洞百出的执行计划，只会浪费企业更多的资源，而且在执行之后，也无法取得想要的结果。

在小说《三国演义》中有这样一个著名的桥段，那就是诸葛亮出山之后烧的“第一把火”——火烧博望坡。由于诸葛亮刚刚上任，所以关羽和张飞都对他不服。于是，一方面为了打退曹兵的进攻，另一方面也为了收服营中的大将，诸葛亮导演了这样一出好戏。

在这一场经典战役中，诸葛亮没有用关羽、张飞这样的大将，只用了刘封、糜芳、周仓这样不出名的将领，再借助火攻，就轻松杀退了夏侯惇的十万大军。

从整个交战过程中我们能够看到，诸葛亮之所以能够取得这场战役的胜利，完全在于他所制订的计划非常精妙，整个作战计划环环相扣，没有丝毫的漏洞。那些将领只要完全按照他的计划去执行，就能够很轻松地取得战役的胜利。可见，一项完美的计划对于成功来说是非常重要的。

作为企业管理者，也应该像诸葛亮一样，在制订计划的时候，要尽量将其做得完善，那样才能让员工在执行的时候少费力气，同时也能够提升执行的成功率。

2. 执行计划的过程要谨慎

不仅管理者在制订计划的时候要谨慎，执行者在执行计划的时候也要谨慎。因为管理者毕竟不可能算无遗策，所以他们的执行计划可能会存在一些漏洞。因此，为了达到想要的目的，执行者在执行计划的同时，要谨慎一点，当发现计划中有问题和漏洞时，就赶紧上报给管理者，对其进行修改，那样才能够避免失败。如果执行者只是盲目地对计划予以执行，而不管其合理与否，就很可能会出错，给企业带来损失。

某家具公司研制了一款新家具，然后将任务下发到各个生产部门进行批量生产。一位老工人在打造家具的时候，发现了其中的不合理之处，原来，这种家具的样式虽然好看，但是却极不耐用。

这位老工人赶紧将这一情况告诉了生产部门的主管。该主管在听了老工人的解释之后，认为很有道理，就将情况上报给了公司高层。公司高层和设计师经过论证后，发现确实和那位老工人说的一样，于是就终止了这项计划，并且嘉奖了那位工作认真的老工人。

正是因为老工人认真、谨慎的工作，才发现了计划中的漏洞，为公司避免了一大笔损失。由于任何计划都会有一些漏洞，所以执行者在执行过程中要仔细一些，当发现这些漏洞时，就及时将其反馈给管理层。这不仅是对自己工作的负责，也是对企业的负责。

3. 集思广益，尽量将计划做到完美

要想减少计划中的漏洞，尽量将计划做到完美，就应该充分调动所有员工的积极性，让他们参与到计划的制订，群策群力，那样才能在最大程度上制订出完善的计划。尤其是一些与员工利益密切相关的计划，更应该征询他们的意见，因为他们才是最终的执行者。

某公司在短短的两年时间内，就从一家默默无名的小企业发展成了当地的支柱产业。对于该公司这种迅猛的发展势头，很多人都不理解。在一次接受记者的采访时，该公司的总经理向众人说出了其中的秘诀。

原来，该公司总经理始终坚信“好想法藏在员工当中”这句话，并且在制订计划的时候，都会征询所有员工的意见，并让他们将建议写在纸上交给专门的负责人员，然后再经过整理，制订出相应的执行计划。如果哪位员工的想法和建议被采纳了，公司还会给予他物质奖励，以鼓励其他员工继续努力。

从例子中我们能够看出，正是由于该公司的管理者采用“集思广益”的做法，所以才能够制订出一系列适合企业发展的计划，才能够带领企业实现突破式的发展。

只有在管理者和执行者通力合作、谨慎执行的情况下，执行计划才能够发挥出应有的作用，任务才能被有效执行，并取得相应的成果。

第七章

法则5:

力求完美，执行结果不白费

一、在执行过程中加强管理，力求完美

◎有令必行 VS 令行禁止

韩非子说："下君尽己之能，中君尽人之力，上君尽人之智。"因此，一个成功的管理者，不是指自己的能力有多大，而是指他的管理能力有多强。管理者最大的任务，就是想办法让下属最大程度地发挥出他们的能力。

为了达到管理的目的，每个企业的管理者都希望自己企业的员工能够做到"有令必行、令行禁止"，这样就能够完美地落实既定的决策，提升他们的整体执行力。因此，每一家企业都有自己的规章制度，想要以此来约束员工的行为。尽管这样的想法很好，但是最终的效果却不是很好，出现这一情况的原因就在于一些企业内部常会出现"有令难行、有禁不止"的现象。显然，这对于企业的发展而言，是极其不利的。

1. 严格按照制度执行，才能做到"有令必行，令行禁止"

管理者的命令能否被有效执行，关系到企业的生存与发展。而要想做到"有令必行，令行禁止"，就必须严格按照企业的规章制度执行。

听闻吴王要攻打楚国，于是伍子胥向他举荐了孙武作为作战指挥。由于当时的孙武还只是一个小人物，所以吴王想要试试他的军事才能。于是，孙武向吴王借用一百人，向他演示用兵的方法。出于故意刁难的心态，吴王拨给孙武一百名宫女让他进行操练。但是孙武并不在乎，带着这一百名宫女开始了演练。

孙武将这一百名宫女分为两队，并为每个队伍挑选出一名队长，然后将训练要领清楚地讲给她们听，并让她们按照口令进行演练。然而，对于孙武的口令，宫女们只当做是开玩笑的，没有一个听他的命令行进，而是笑作一团，本来排列好的队伍也乱了。

在警示几次毫无结果之后，孙武对那些宫女们说："这里现在是训练场，不是后宫。我再说一遍训练要领，如果你们仍旧不按照口令行进，我就要对你们进行处罚。两位队长更要以身作则，否则军法处置。"

虽然孙武的话很严厉，但是这些宫女根本就没有当做一回事。在孙武又一次下令后，她们依旧没有予以执行，尤其是那两位队长，更是笑得前仰后合。此时，孙武没有再说什么，而是直接让旁边的士兵将那两位队长斩首示众，以正军法。然后，孙武对吓得发抖的其他宫女说："如果再有违抗命令的人，就和那两位队长的下场一样。"然后接着进行操练。

望着旁边两具尸首，宫女们再也不敢违抗孙武的命令，认真地按照孙武的口令进行训练。不久之后，她们的动作就整齐划一，逐渐规范起来，一改原来那些娇弱的样子，俨然有了军人的气质。

几天之后，孙武请吴王来检阅成果，观看之后，吴王非常满意，对孙武大加赞赏，于是将兵权放心地交给了他。

任何一名优秀的将领，都应该让自己带领的士兵做到有令必行、有禁必止，那样才能带领出一支战必胜、攻必克的队伍。同样，一名优秀的企业管理者也应该做到这一点。也许严格执行规定会令企业的一些高层人物地位不保，但是，如果不能实现“令行禁止”，那么企业将会出现混乱、执行力低下等情况，这样的后果更为严重，而企业的前途也更加无望。因此，在企业中严格执行规章制度十分必要。

2. 以身作则，公平、公正地施行制度，才能做到“有令必行、令行禁止”

作为企业的管理者，只要公平、公正地施行制度，按照规定执行，不徇私舞弊，都会得到员工们的尊重。如果由于严格执行规定而被领导怪罪，那么只能说明这家企业是没有前途的，根本不值得为之效力，不如尽早离开。

而作为企业的最高领导，则更应该以身作则，按照规定做事，那样才能让员工为企业效力。

某大公司在投资建厂之后，经过一年的时间，正式开始营业。该企业生产的产品有非常广阔的市场前景，公司的发展空间很大。然而，该公司运营了三年之后，不仅没有扩大规模，实现盈利，反而时有亏损的现象发生。

原来，在这三年时间里，尽管公司有规章制度，但是企业的高层管理者却从来没有遵守过，而且还在企业内作威作福，因此，企业的员工们也都养成了混日子的作风。而一些有才干、有能力的人来到公司之后，本来想大展拳脚，但却被以老板侄子为首的势力所排挤，无法发挥才干，也不敢放手去做，无奈之下，也都纷纷辞职离去。

在这种管理混乱的情况下，那家公司也在两年后彻底破产。

从例子中我们能够看出，企业的管理者无法以身作则，公平、公正地施行制度，无法按照规定管理员工，逐渐使企业成为一个管理混乱、毫无章法可循的企业，而在这样的环境下，企业是不可能产生任何效益的。

企业的制度对于企业来说，就像是一个国家的法律，只有员工们严格遵守，才能提升企业的执行力，才能实现最终的发展目标。

3. 制度面前无“例外”

为维护制度的权威性、公正性、公平性，在设置制度时应该把“例外”考虑到制度中并予以明确规定，在制度面前没有“例外”。因为“例外”是制度的重量级杀手。

我所了解的许多企业，在考勤制度方面都实施了打卡制——它作为公司的管理制度之一，本身无可厚非。但执行起来效果却不尽相同。我见过一个公司，对大部分员工来说，打卡只是为了应付差事。早上眼看快迟到就请同事代理打卡，或延迟打卡。对此现象，管理者也没有很好地进行管制，而是要求迟到的员工用所谓的“加夜班”来弥补迟到的过失。后来我随机问一名公司员工：“贵公司打卡似乎很随意。”这位员工随口就答：“这有什么？连我们公司老总都不打卡，凭什么要求我们认真执行他的命令。再说了，迟到了就用加班时间补回来呗。”

晚上饭局我见到了这家公司的老板，事实上他也是我的朋友，我调侃道：“本来一个挺好的制度，却偏偏落实有偏差，真是让人哭笑不得。老兄，己所不欲勿施于人，您自己有不打卡的特权，难怪员工们也经常迟到了。”朋友若有所思：“您这一说点醒了我。的确，就我是个例外，所以我也不勉强他们严格打卡，看来是我的失职啊！”

一个月过去，我突然收到一封E-mail，原来是朋友寄给我的当月打卡记录，那个月朋友每天都按时打卡，且几乎每天早会前30分钟到公司。

有两次因公事迟到，但朋友的绩效栏里明确写着扣除 200 元工资。之后的情况我没再过问，我相信当一个企业的“领头羊”开始不允许“例外”、以身作则的时候，他身后的“羊群”也一定会自动自发地有令必行、令行禁止。

其实，打卡无非只是一种形式。但是身为公司的老板或管理者，如果能在执行日常工作和规定的过程中，做到排除例外，以身作则，那么员工接收到的就会是一个积极向上的信号。反之，员工也可以像你一样不落实执行或马马虎虎执行。换言之，到那时你的制度和指令就可以废除了。所以，制度面前，人人平等，军令如山，绝无例外。

◎犯错不致死，但应有所惩

企业内的员工有时在工作中可能会违反企业的规章制度，这时，为了维护企业的利益，就一定要予以处罚。但是光进行处罚还不行，毕竟以后还要让员工继续工作，因此，在处罚过后，还要根据情况给予他们一些心理慰藉。这样做的原因在于，处罚只是一种手段，最终的目的是让他们进行改正，以后不再犯错。

1. 管理者不仅要唱“黑脸”，还要会唱“红脸”

一般来说，当我们在批评员工的时候，总会表现出严肃的一面，目的是为了让他们意识到自己犯错误了，这是扮演的“黑脸”角色。但是当我们与员工在私下进行沟通时，只唱“黑脸”还不能取得效果，要做到“恩威并施”，因此，还要学会扮演“红脸”的角色，在“打一巴掌”后，再“给一个枣吃”，让员工们的心理有所慰藉。只有这样，员工们的工作热情才不会受到影响。

老王是某企业的一个老员工，在该企业工作了3年，从来没有出现过迟到早退的现象，而且平时对待工作非常认真，不但努力把自己分内的工作做好，还时常帮助别人。然而，有一天，老王竟然迟到了。

该企业有规定，一旦员工出现迟到早退的情况，就扣除这个月的全勤奖。但是，在面对该如何对老王进行处理这个问题时，总经理头疼了：如果按照规定对老王进行处罚，怕他心中有所不平，毕竟一直都是一位好员工；但是如果用他平时的表现来抵消这次所犯的错误，又有违企业的规定，怕公司其他员工不服。考虑再三之后，为了维护公司的制度，总经理最终决定按照制度对老王进行处罚。

果然，当处罚结果出来后，老王非常不满意，而且工作质量也大大降低，觉得企业对他的处罚太重，太不近人情。对于老王的这种表现，总经理早有准备。于是，在一次吃午饭时，总经理专门与老王坐在一起，和他进行谈心。在谈话过程中，总经理询问了老王当初迟到的原因，并希望他能够理解企业之所以要做出这样的处罚，就是为了维护制度的权威。而且，总经理还表示，公司绝对不会因为一次迟到就抹掉他为公司作出的贡献。

听到总经理这么说，老王终于释然了，以后的工作也恢复了正常，继续热情地为企业工作。

有些时候，当员工违反了企业的规章制度，作为企业管理者，为了维护企业的稳定发展，就必须对他们进行处罚。但是，还应该考虑到员工个人的感受，因此还要对他们加以慰藉，那样才不会打消他们的工作积极性。

因此，只有“黑脸”、“红脸”一起唱，才能够取得想要的结果。

2. 刚柔并济，才能达到管理的效果

在日本，很多企业都在努力营造一种“家庭式”的氛围，目的就是为了让员工更好地工作。但是，这种做法并不代表日本企业的管理就是无组织、无纪律的，恰好相反，日本企业的管理制度非常严格，甚至让人瞠目结舌。而这就是日本企业一直在运用的“刚柔相济”的管理方式。

索尼公司在东南亚市场销售了一款新的电子产品，但是在售出后不久就接到了消费者的投诉。在调查后发现，在东南亚市场销售的这批电子产品存在外包装方面的问题。于是，为了维护公司的信誉，索尼公司立即对产品的包装进行了更换，及时解决了问题。其实，产品的外包装根本不会影响内在的质量，而且负责这方面工作的经理在公司内部也有一定威望。但是索尼公司的总裁盛田昭夫依然决定对那位经理进行处罚。

为了处理好这件事情，盛田昭夫专门召开了董事会议。在会上，盛田昭夫让那位经理详细陈述了自己所犯的错误，并对他进行了严厉的批评，这件事对那位经理打击很大。会后，当沮丧的经理走出会议室时，却发现盛田昭夫的秘书在门口等着他，并非常热情地邀请他一起去喝咖啡。那位经理非常不解，问道：“我犯了这么严重的错误，大家都躲着我，你为什么还邀请我喝咖啡？”

秘书微笑着对他说：“总裁料到你会情绪低落，所以早就让我在这里等着你。今天的事情总裁也是迫于无奈才会对你那么严厉，但是你为公司作的贡献，他可都一直记在心里呢。”喝完咖啡，那位经理的心理平衡了很多。

当他回家后，妻子马上迎了出来，并亲热地对他说：“原来你在公司这么受重视。”这句话把那位经理彻底说愣了。此时，妻子拿出一束玫瑰花和一张贺卡对他说：“今天是我们结婚10周年的纪念日，你们公司的总裁专门送来了玫瑰花和贺卡。”原来，在索尼公司内部，都会记录员工的生日和结婚纪念日等重要的日子，而到时候员工们就会收到公司为他们准备的一些小礼物。

盛田昭夫的这种做法深深地打动了那位经理，他不仅不再埋怨盛田昭夫，反而对他感激有加，在以后的工作中更加卖力。

公司既然制订了相关的制度，就必须予以执行，当员工犯错误后，就必须对他们进行处罚。但同时，为了激发员工的工作积极性，让他们不至于在受到处罚后沉沦下去，管理者还应该采取其他一些措施对他们进行鼓励。只有做到刚柔并济，才能够让员工们心服口服，才能够让他们甘心为企业工作。

◎善于授权，让有能力的人去执行

古人云:“自为则不能任贤，不能任贤则群贤皆散。”这句话的意思就是说:那些总是事必躬亲的人，往往不能够任用贤能的人，从而导致众多贤能者不能够往同一个方向努力，进而也就使组织解散。

在现实的企业管理中，有很多管理者就不懂得善于授权，他们总是从早忙到晚，却依旧感觉时间不够用，有时恨不得把一分钟当成两分钟来用。他们不停地抱怨自己工作太累。其实归根到底这怨不得别人，要怨就只能怨这个管理者不善于对下属授权。

原本就该是下属要做的工作，管理者如果非要亲力亲为，自己忙得焦头烂额、身心俱疲，而下属却落得轻松。那么只能说这位管理者是一个失败的管理者。

1. 善于授权，管理者才能更轻松，员工才会更努力

领导亲力亲为，在某种程度上不仅造成团队工作效率低下，还会打击下属的工作热情，最终有可能造成人才流失。

美国著名的杜邦公司的第三代继承人尤金·杜邦就是一个不善于授权给下属的领导者。尤金在掌管杜邦公司之后，坚持“恺撒式”的管理模式，他对公司的大权采取绝对控制的态度，公司许多细微决策都要由他来独自制订，就连公司所有的支票必须由他亲自开。

尤金的这种绝对式管理，使杜邦公司的组织结构很快失去弹性。在激烈的竞争面前，杜邦公司很难适应环境变化，连遭打击，濒临倒闭。

由此可见，最终击垮尤金的不是竞争对手，而是尤金自己，是他在企业管理的过程中不善于授权。可见，合理授权对于管理者实现企业目标来说有着至关重要的作用。

领导事必躬亲，其实是对下属工作的不信任。由于领导不肯放权，下属在工作中感觉自己的价值不被承认，最终导致人才流失。

一个善于授权的管理者会将权力下放，这样不仅能激发员工的工作积极性，还能使管理者落得轻松。如此一来，作为管理者何乐不为？

2. 选拔人才，让有能力的人去执行

企业要想发展壮大，就必须不断地选拔人才予以己用。而在选拔人才的时候要以能力论英雄，要“选贤任能，唯才是举”。

中国有句老话：“三百六十行，行行出状元。”对于一个企业来说，善于选拔人才，让有能力的人去执行，才能赢得市场。

日本索尼公司的创始人之一、名誉董事长，日本著名企业家盛田昭夫在选拔人才的时候就不以学历和经验选拔人才。他认为一个好的领导就是要不断地选拔人才，并且让公司的每一位员工都能够“人尽其才”。他的这一用人方式为索尼的发展壮大立下了汗马功劳，使得索尼在激烈的竞争中始终处于不败之地。

日本男中音歌唱家大贺典雄在大二参观东京通信工业（索尼前身）时崭露头角。他针对产品缺陷侃侃而谈，其独到的眼光和专业的知识引起了盛田昭夫的注意，随后盛田昭夫盛情邀请大贺典雄担任索尼公司的兼职顾问。

然而大贺典雄因为要在欧洲参加巡回演出，所以无法到索尼工作。尽管如此，盛田昭夫依旧与大贺典雄保持密切的联系，并定期寄工资给大贺典雄，邀请大贺典雄学业有成后到索尼工作。

盛田昭夫的热情与真诚打动了大贺典雄。就这样，这位男中音歌唱家弃艺经商，加盟索尼。1995年盛田昭夫在董事会上正式任命大贺典雄为索尼公司董事长兼首席执行官。这一明智而正确的决策，得到公司所有股东一致赞同。

善于选拔人才，并且以能力取人，依岗位论人才，这是盛田昭夫的管理之道。正是他的这种管理方式，调动了员工积极性，同时也为公司挑选了不可多得的优秀人才。也正是因此，索尼公司领导与员工齐心合力，帮助索尼走向世界。

二、在要结果的同时强化团队建设

◎结果不是一个人的事，团队精神更可贵

管理大师德鲁克曾说过："现代的企业组织，不是简单的老板与员工的关系，而是一个以团队为基础的复杂组合。"因此，在现代化企业管理中，要想打造出一个富有执行力的企业，就必须注重企业团队的建设，培养员工们的团队精神。只有这样，才能够调动起每一位员工的责任感和对企业的归属感，从而让他们最大程度地发挥出个人的能力，强化企业的执行力。

1. 只有将员工团结起来，企业才能获得成功

俗话说："一支筷子轻轻被折断，十双筷子牢牢抱成团。"当企业的员工们能够团结起来，为了企业的发展而共同努力时，即使企业在发展的道路上遇到再大的困难，也能够被轻松解决。相反，如果企业内的员工各自为战，缺乏团队协作意识，不能够互相帮助，那么企业的很多任务都将无法完成，更别提持续发展了。因此，员工们能否团结起来，决定了企业的成败。

一位著名的将军曾说过这样的话："无论多么强大的士兵，当他陷入敌人的包围时，都无法取得胜利。但是如果我们能够联合起来，那么我们将能够战胜一切敌人。就像行军蚁一样，将眼前的一切障碍全部消灭掉。"英

雄的部队之所以能够在战场上战无不胜、攻无不克，不是因为个别士兵的英勇善战，而是因为他们懂得整体之间的配合，如果缺乏这种有效的合作，那么他们将会惨败。

企业同样如此，当员工们能够团结起来，将团队利益放在第一位，通力合作、努力配合，才能够为企业创造出更大的利润。团队的意义在于，它能够通过团队利益，将个人的力量进行重新整合，从而凝聚成一股新的强大的力量。为了实现整体目标、增强团队精神，在团队合作过程中，个人有时候需要放弃自己的一部分利益。但是在成功之后，那部分损失的利益将得到加倍的补偿。

2. 实现了团队利益，就实现了个人的利益

要想塑造企业员工团队精神，首先要让他们明白“团队利益至上”这一原则，要让他们懂得维护团队的利益。同时，他们也应该明白，当实现了团队利益的时候，个人的利益也将能够得以实现。

20世纪90年代，钢铁市场疲软，所有经营钢铁生意的企业营业额都开始下滑，员工们甚至无法拿到全部基本工资。作为众多钢铁企业中的一员，阿姆科公司的日子同样不好过。

在企业持续亏损的情形下，新总裁吉姆·威尔接手了阿姆科公司。在他上任之后，马上进行了一系列改革，希望能够拯救岌岌可危的公司。在这些改革中，他的一项最重要的措施就是调动所有员工，让他们每个人都行动起来。为了实行这一措施，其中还有一个小插曲。

为了提高员工的生产效率，吉姆·威尔邀请一位心理学家到公司业绩最好的一家工厂参观，希望他能够帮忙找出工厂里能够带动生产效率的带

头员工。结果让他非常惊讶，因为这位心理学家对他说："这间工厂没有带头人。"吉姆·威尔感到非常不可思议，而且也不相信这是真的，于是他问道："这是我们最赚钱的工厂，你竟然没有在里面发现带头人？"心理学家回答道："工厂里确实没有带头人，但是却有最好的工作团队，他们每一个人都能够互相合作，而且都将功劳归于别人。"

听了心理学家的解释，吉姆·威尔豁然开朗，明白了团队在企业发展中的重要作用，于是，他决定建立一套新制度来鼓励企业的团队行为。之后，阿姆科公司着重培养了一批新型领导者，让他们专门带领团队发挥作用。这种新的方法实施后，吉姆·威尔终于成功地调动起了所有员工的力量，让他们都行动了起来。

经过一番改革之后，吉姆·威尔终于成功带领公司实现了盈利，而且数额越来越大。最终，通过激发员工的团队精神，他成功地挽救了自己的企业。而原来拿微薄工资的员工们，也能够再次领取丰厚的薪水了。

除了阿姆科公司，全球范围内的其他大企业也都非常重视培养员工的团队精神，因为那些企业管理者明白，只有培养员工的团队精神，才能够让他们将团队利益放在第一位；只有将团队利益放在第一位的员工，才会尽职尽责地工作，才能为企业创造出更多的财富。只有具备团队精神的员工，才能够提升自己的执行力，以捍卫团队的利益。

◎卓越领导者必有凝聚人心的力量

在现代市场竞争中，已经不再是个体与个体之间的斗争，而是团队与团队、组织与组织之间的竞争。因此，企业的发展就不能只依靠一个人的智慧和力量，而应该利用整个团队的力量。因此，一个卓越的企业领导者必须要具备强大的凝聚力，这样才能将员工聚拢在身边，充分调动团队的力量。

日本的本田汽车公司举世闻名，在全球有75间工厂，数万员工。在国内，本田与丰田、日产三分市场；在北美，本田的发展直接影响了通用、福特等知名汽车制造商。然而，这样庞大的“汽车王国”当初却只是一个资本不到100万日元的小型车辆修理作坊。

对于本田公司创造的这一奇迹，有人将其归功于二战之后日本经济的飞跃式发展，这确实是一个原因，但更重要的原因却是在于本田公司的两位创始人——本田宗一郎与藤泽武夫的凝聚力。正是他们的这种凝聚力使企业所有员工拧成了一股劲，最终成就了本田的事业。

企业领导者的凝聚力决定了企业未来的生存与发展，但是这种凝聚力却不是天生就有的，需要进行培养。

1. 管理者要想提升自己的凝聚力，就需要以身作则，建立员工的“崇拜意识”

管理者只有以身作则，积极地投入到工作当中，才能够做好表率，起到带头作用。同时，员工也会在管理者的带领与感召下，积极参与到企业建设中去。这样无形中管理者就形成了自身的一种凝聚力。

很多大型企业的管理者本身就具备一定的专业知识。比如微软公司的比尔·盖茨就是一位精通电脑软件的高手、本田汽车公司的创始人本田宗一郎与藤泽武夫也具备熟练的汽车修理技术……他们之所以能够掌握这些技术，就是因为他们曾经亲自做过这方面的工作，并经过长期实践，成长为这方面的高手。

当员工们看到自己的领导者本身就具备某些专业特长，并能够以身作则、亲自参加工作的时候，他们就会对其产生崇拜心理，而员工的这种心理，正是管理者培养自身的凝聚力所需要的。

2. 管理者要想提升自己的凝聚力，就必须对员工一视同仁

管理者只有在企业中实行平等的管理制度，并对员工们一视同仁，才能够得到他们的尊重与认可，而这也是管理者提升自身凝聚力所需要的。

本田公司有这样的口号："技术面前人人平等。"而且他们的制度也正是这样规定的。在本田公司的研发机构当中，采用了"镇纸型"的组织结构，即分为两层结构：总经理和全体研究人员。总经理相当于镇纸上的把手，而全体研究人员则相当于镇纸本身，他们是平行排列的，没有等级之分。这种组织结构，充分体现了"技术面前人人平等"这句话的含义，也体现了管理者对员工一视同仁的思想。在以技术为尊的本田公司里，这种制度行之有效，给公司带来了无限生机。

如果一个企业的管理者能够实行平等的管理制度，并对员工们一视同仁，那么就能体现出"以人为本"的理念，就能够获得员工的支持。只有在员工的支持下，企业才会富有执行力，才能够实现最终的发展。

◎如果你是员工，就把团队当家庭

对于企业而言，员工的团队精神是非常重要的，它关系到企业团队的生死存亡。

比如，在登山过程中，为了保证安全，每组登山队员之间都会以绳索相连，即使一人不慎失足跌落，其他成员也能互相救助，帮助其脱离危险的境地。如果一个人的话，那就没有任何保障了。同时，当其他成员在努力之后依旧无济于事时，为了保证其他成员的安全，让他们能够继续前进，失足队员就会毫不犹豫地割断绳索，让自己坠入深谷。

从登山运动员的相互协作中我们能够看出，团队精神是非常重要的，他们之中的任何一名成员出现失误，都会影响到其他成员的安危，影响团队前进的脚步。而且只有在互相协作下，才能走得更远、攀得更高。

在市场竞争日益激烈的今天，企业内的很多工作都无法靠一个人来完成，员工们之间不得不进行合作，只有将自己的能力与别人的能力结合起来，才能够提高团队的执行力和竞争力。

由于刚刚进入企业的员工还不明白团队精神的重要性，也缺乏足够的合作意识，他们还要通过训练和培养，来提升自己这方面的意识。其实，作为一名员工，只有将自己融入企业团队中去，把团队当做家庭，把其他成员当成自己的兄弟姐妹，有意识地提升自己的团队意识，才会取得更好的效果，而企业的刻意培养则是相对次要的。

很多员工之所以在进公司之前很优秀，而进入公司之后就无法发挥出自己的实力，就是因为他们没有将自己看做公司内真正的一员，没有将自己彻底融入公司当中。因此，他们就不会将自己的利益与未来的发展与公司联系到一起，他们认为这之间是相互独立的关系。

事实上，这种想法是极端错误的。我们常说“覆巢之下，焉有完卵”，如果企业的利益受损，依附于企业的员工的利益又怎么能够得到保障？而只有将自己真正当做企业的一员，才会意识到这个问题，才会努力工作，去维护企业的利益，而他们也将得到企业更为丰厚的回报。

在员工们将企业团队当做“家”的同时，管理者也应该将员工们看做这个“家”中的一员，唯有如此，才能够让员工们感受到“家”的温暖，才能够使他们更加努力地工作。

某企业在同行中的成绩一直遥遥领先。为了了解该企业保持领先的秘诀，一位记者对企业的员工进行了私下的调查。

这位记者发现，在这家企业中，员工们都很自觉地工作，很少有偷懒的现象出现。对此，他非常不解，在他的印象中，员工偷懒已经成为了每个企业中普遍的现象，为什么这个企业中的员工能够做到如此勤奋地工作？于是，他采访了几位员工。

没想到他得到的答案很相近，员工们一致表示，他们之所以能够如此卖力地为企业工作，正是由于这家企业的管理者对他们非常好，将他们当做亲人来对待，而反过来，他们也将企业当家看待。试想，谁不是为了家的更好发展而更加努力地工作？

这位记者恍然大悟，终于明白了这家企业能够成功的秘诀。

通过这个例子我们能够了解到，员工若想要获得更多的利益，同时实现自身的成长，就必须将企业当成“家”来对待，那样才会无怨无悔地付出。企业要想留住员工，让员工为企业的发展而贡献出更多的力量，就必须将他们当做亲人一样看待，处处为他们着想，维护他们的利益。

三、完美执行的忧患意识，使结果不白费

◎责任意识：是否每一个结果都令你心安理得？

国外一家知名管理机构经过20多年的市场调查，得出这样的结果：优秀的员工更容易将自己融入企业当中，他们将企业当成自己的，并时刻想着如何为企业做贡献。诚然，每一位企业管理者都喜欢这样的员工，而员工这种时刻为企业着想、时刻准备行动的心态，就是他们的责任意识。

要想成为企业中优秀的员工，就必须具备上面所说的那种责任意识。只有存在责任意识，并以这种意识为指导，才能够在工作中发挥出自己的潜力，才会主动承担起企业发展的任务，从而提升自己的执行力，更好地完成企业领导分配的任务。

1. 意识决定行动，行动决定成败

员工们只有时刻抱着负责的态度投入到工作当中，才能够在接到任务的时候毫不犹豫地予以执行，即使执行过程中会遇到很多问题，他们也会积极地想办法予以解决。

美国第34任总统艾森豪威尔就是一个充满责任意识，对工作非常负责的人。当他还在军中服役的时候，这一点就表露无遗。

当他还是中尉的时候，第一次被少校派去总部执行任务。少校交代给他几件任务，包括向上级请示作战指示、为总部后勤处申请一些物资等。本来这些任务都是一些常规任务，并不难做，但是那些申请的物资当中有醋酸盐，而当时醋酸盐在整个部队中都很紧缺，因此这个任务很难完成。

虽然艾森豪威尔并没有太大的把握，但是他觉得，既然少校将任务交给了自己，那么想办法完成任务就是自己的责任，如果完成不了，自己就要对其负责。在做好准备后，他向总部进发了。

果然，前几件任务做得都非常顺利，但是到申请醋酸盐这个任务的时候，还是卡壳了。当艾森豪威尔向负责补给的中士说明他们的部队非常需要醋酸盐时，中士什么话也没说，就像是没有听到他说话一样。于是艾森豪威尔又大声地告诉了那位中士一遍，并向他说明，如果这次申请不到醋酸盐，那么他们的部队将遭受巨大的损失。这时，那位中士依旧没有答应艾森豪威尔的请求，只是告诉他，现在整个部队都缺少醋酸盐，因此不能随便给艾森豪威尔。

在经过两次努力后都没有拿到醋酸盐，艾森豪威尔感到非常失望，甚至想放弃任务了。但是他转念一想，如果放弃了任务，这不仅是对自己不负责任，更是对部队不负责任，有负少校的重托。无奈之下，艾森豪威尔向那位中士摆出一副强硬的军人姿态，并拿自己的军衔来压制中士。最终，在艾森豪威尔这种强硬的姿态下，那位中士终于批给了他一部分醋酸盐。

在艾森豪威尔回去向少校交任务时，少校非常惊讶，因为在他看来，申请醋酸盐的任务几乎就无法完成，他将这项任务交给艾森豪威尔去做，只是抱着“试一试”的想法，即使艾森豪威尔无法完成，他也不会怪罪。但是现在，艾森豪威尔却非常出色地完成了这些任务。为此，少校对他大加赞赏。

从故事中我们能够看出，艾森豪威尔之所以能够圆满完成任务，正是因为他将所有的任务都当成自己的事情去做，在这种责任意识的引导下，他将行动付诸到实践当中，即使在遇到困难时，也依旧没有放弃，而是想办法予以解决。在他的努力下，终于完成了任务。可见，责任意识决定了我们的实际行动，而实际行动则决定了我们执行的成败。

2. 员工的责任意识有助于个人与企业的发展

在工作中，如果员工缺乏责任意识，那么在执行过程中遇到困难的时候，他们就会找各种借口为自己开脱，这样自然也就降低了自己的执行力，对企业的发展也带来不好的影响。反之，有责任意识的员工，在接到工作任务时，就会将这件事当成自己的事情来做，即使在执行过程中遇到了困难，他们也会想尽一切办法予以克服，最终完成任务。因此，富有责任意识的员工才更有执行力，在完成任务的同时，也会使自身和企业获得发展。

小王和小张同时进入某公司工作，由于小王在面试的时候成绩好，所以在工作中经常受到领导的照顾。

某个周末，公司有一件紧急采访需要去做，于是经理就找到小王，想让他去进行采访。当时天很热，而且又是周末，小王不愿意外出，想在家里休息，于是就对经理说自己身体不舒服，不能去采访。无奈之下，经理又找到小张，让他去进行采访。结果小张一口应承下来，并在准备之后，立刻前往现场，进行了独家采访。

经理对小张的工作态度和迅速的行动非常满意，对他进行了表扬。而且，在以后的工作中，经理发现，小王虽然工作能力强一点，但是工作态度不太好，对工作不够负责。而小张对待工作则非常负责，每件工作都会非常认真地完成。于是，在以后的日子里，经理会主动将一些重要的工作交给小张去做，以逐渐培养他的工作能力。小张也从来没有令经理失望过，每次都圆满地完成了任务。不久之后，小张就被经理提拔成了部门主管。

小张之所以能够成功，正是在于他对工作的负责态度，这种态度不仅保证了他的执行力，更为企业带来更多利润。因此，无论我们做什么工作，都要对这件工作负责任，只有抱着这种态度，才能够将其做好，进而得到企业领导的赏识，实现自身发展。

◎危机意识：总有人比你执行更快

中国著名儒家典籍《孟子》中的“生于忧患，死于安乐”说的就是危机意识。社会的进步和社会形态的发展都是与危机作斗争的过程。随着市场经济的发展，企业间的竞争也日趋激烈，“优胜劣汰”已经成为市场淘汰的法则。一个企业能否在激烈的竞争中生存下去，最重要的一点就是将劣势转化为优势，而这一转换的关键就在于企业管理者是否具有危机意识。只有有了危机意识，才能想尽一切办法防患于未然。即使不能阻止危机的发生，也能将损失降到最低。反之，如果企业的领导者危机意识淡薄，那么，他带领的团队也就很难形成危机意识，面对突然出现的危机也很难应对。

1. 只有存在危机意识，才能够提升自己的执行力

香港首富李嘉诚就是一个有危机意识的人，他也是一个能够为了实现

自己的目标而坚持执行的人。李嘉诚曾经在塑胶业界通过艰苦奋斗，最终在塑胶业中站稳脚跟，赢得了“塑胶花大王”的美称。

然而李嘉诚向来是一个深谋熟虑的人，每一步都要思前想后，步步为营。在李嘉诚要开发塑胶花之前，他就认识到塑胶花只不过是社会快节奏的产物，昙花一现而已。于是李嘉诚在经营塑胶花的时候不忘寻找新的发展道路。

如果说“供大于求”是经济发展到一定阶段必然要经历的一个过程，那么，香港塑胶花的多次积压现象，对长江公司来说却是致命的打击。于是李嘉诚决定未雨绸缪，防患于未然。

一次偶然的机会，李嘉诚在苦苦思索新的创业方向的时候看到原野上忙于耕种的农民和忙于盖房子的工人，他突然意识到在人多地少的香港，房地产是一个有着巨大潜力的行业，正所谓多占天少占地。

李嘉诚从香港人多地少的特殊环境和社会发展趋势中，洞察出了地产业的广阔前景。在香港闹房荒的时候他在繁盛的工业区兴建了一栋高达十二层的工业大厦，这拉开了李嘉诚正式进军房地产业的序幕。

随后，李嘉诚又在新兴的工业区柴湾兴建了工业大厦。自此，李嘉诚在地产界一发而不可收。

正是李嘉诚的危机意识使得他在看到塑胶业存在的问题时，第一时间寻求新的发展机遇，并且将自己的想法付诸行动。

2. 危机意识带动企业的发展

有一个关于沙丁鱼的故事。挪威人非常喜欢吃沙丁鱼，尤其喜欢吃活着的沙丁鱼。于是渔民们就想方设法在捕鱼的时候让沙丁鱼活着回到渔港，可是无论渔民用什么样的方法都不能使沙丁鱼活着到渔港。多数的鱼都会在途中窒息死亡。然而有一条船上的沙丁鱼大部分都能活着回到渔港。

经船长介绍才知道，船长在装沙丁鱼的时候在鱼槽里放了一条鲶鱼。沙丁鱼本身就是害怕鲶鱼的，鲶鱼被放进鱼槽之后面四处游走觅食。沙丁鱼为了生存便不断游动，这样沙丁鱼最终活着到了渔港。沙丁鱼正是受到了鲶鱼的刺激和压力才保持着生机和活力，这就是人们所熟知的“鲶鱼效应”。

对应到企业发展，这种鲶鱼效应也可以说是危机意识。危机意识在一定程度上能够带动企业的发展。如果企业的领导和员工都有这种危机意识，那么在激烈的市场竞争中就会想方设法摆脱危机的威胁，而这个过程恰恰是企业发展的过程。

◎创新意识：你在照猫画虎时，别人已经脱胎换骨

在市场竞争如此激烈的今天，哪家企业能够更快地研发、生产出新产品，那么这家公司就能够走在同行的前面，占领更大的市场份额，从而取得企业的成功，因此，对于企业而言，创新已经成为一种竞争力。而员工是企业工作的执行主体，企业要想提升整体的创新能力，就必须提升员工的创新能力。

1. 给予员工更大的自由空间，便于他们创新

一个人的思想和行为只有处于一定的自由范围内时，才能够进行创

新。如果他的思想和行为被紧紧地束缚住了，就不可能产生创新的想法。因此，为了提升员工的创新能力，企业管理者应该给予他们更大的自由空间。

比如，在本田汽车公司中，企业以“科研面前人人平等”为口号来鼓励员工们进行创新。在本田公司的研发部门中，没有等级之分，所有的科研人员都是平等的，而且他们的行动更自由，只要是出于创造的目的，就可以出入于公司的各个部门当中。在这种平等、自由的创新空间内，本田公司的员工们大胆创新，提高了企业的整体竞争力。

当然，这里所说的“自由”是指一定程度的自由，是为了保障员工们进行创新而提供的一种自由，而不是绝对的、毫无组织性和纪律性的自由，那样反而会影响员工们进行创新。

2. 给予员工更多的支持，鼓励他们进行创新

企业员工的创新离不开企业的大力支持，企业只有将各方面的支持做到位，员工们才能有实力去进行创新，否则，以员工个人的财力物力，很难维持在创新方面的花费。因此，企业要给予员工们更多物质方面的支持，以鼓励他们进行创新。

比如在通用电气公司内部，为了鼓励员工们进行创新，企业专门开设了一个研发平台，在这个平台上有各种用于研发新产品的材料。企业内部的任何一个员工，无论职位高低，只要有创新的想法，都可以从这个平台中领取材料，以进行自己的创新研究。能够研发出新的产品固然更好，即使研发不出新产品也没关系，但是需要将自己做出来的东西再放回到这个平台中，以供其他员工进行学习、借鉴。

通用电气公司的这种做法，为员工们提供了丰富的物资支持，解决了员工们的后顾之忧，能够让他们全身心地投入到创新、研发中去。

3. 给予员工一定压力，促使他们进行创新

对于员工来说，有时候企业要对他们施加一定压力，促使他们进行创新，那样才能够激发出他们的潜力，创造出更多新的产品。这就是所谓的“有压力才有动力”。

为了提高企业的竞争力，占领更多的市场份额，某企业专门设立了一个新产品研发部门。自从该部门成立，研发取得了一定进展，但是成品一直没有研发出来，万里长征只差最后一步了。

为了加快研发速度，早日研发出新产品，该企业的总经理下发了这样一道“悬赏令”：如果能够在一个月之内研发出新产品并投产，那么研发部门所有的员工都涨一倍的工资；如果一个月之内还没有成果，那么部门所有员工的年终奖都被扣除。

这道“悬赏令”一发，原本纪律松散的研发部门的员工们，立刻进入紧张的工作状态，开始加班加点地研发新产品。在这种压力下，不到一个月，新产品果然被他们研发出来，并在测试之后，正式投产。而研发部门的员工们也涨了工资。

从例子中我们能够看出，正是由于企业领导对员工施加了一定压力，才迫使员工们积极开动大脑，充分发挥出个人的潜能，进行创新，并在最后获得了成功。可见，为了提高员工的创新能力，一定的压力也是必不可少的。

一位世界 500 强企业的总裁曾说：“只有能够创新的员工才是一流的员

工、懂得执行的员工，只有能够进行创新的企业才能成为一流的企业，才能实现企业的基业长青。”因此，无论是员工还是管理者，想要成就一番事业，就必须具备创新意识。

后　记

在满世界都在强调执行力的当下，我们看到了管理者的无奈与苦楚。

当我们了解了员工的犹疑与抱怨后，我们也知道了执行最大问题所在。

问题就在于管理者与员工都在自己的世界中游走。双方缺少进入对方世界的意愿与努力，更甚者都没有在偶尔的交会时伸头看一看对方的世界。

在“执行力”已经被众多的管理者、培训师反刍了无数次以后，笔者仍然执笔此书，是需要很大的勇气的。此勇气来源于笔者的一个执着的理念：员工与企业是平等合作的关系。员工是自身人力资源的投资者，其用在工作过程中的人力资源——人力资本需要按照资本的运作方式去对待。没有这个态度，谈执行力都是一厢情愿、隔靴搔痒。

必须让员工、团队在执行的过程与结果中看到自我能力的体现与提升，看到自我价值的实现、尊重与回报。这是解决执行意愿的关键所在。

在设计任务的时候对于“执行力”的考量与规划就开始了。这就是说：任务是在了解团队、员工的执行意愿以及执行能力的基础之上设计、确定的，而不是在确定了任务之后再考虑由谁来完成。

我们经常发现：执行力欠缺一定伴随着资源的欠缺。而资源欠缺的原因一是本来就没有资源，管理者头脑一热就让员工裸体上阵了；其二是资源配置不当，这种配置不当既有资源结构的问题，也有力度、额度的问题。

由于这些问题不是执行层的员工能够解决的，因此这极大地决定了执行的意愿、执行的过程以及执行的结果。决策层、管理层必须在下达任务的时候做好资源的配置工作。

在人力资本管理的思想下，笔者建议大家抛弃“多劳多得”的理念。因为组织、领导要的是工作的结果，投资讲究的是投资效益、投资收益，执行力针对的不仅是“有没有做、有没有做完、有没有做对”，更重要的是“有没有达到需要的效果”、“呈交任务规定的、流程要求的工作结果”，这才是完成了执行。这才是执行力合格的表现。这是必须灌输进所有组织成员血液内的理念。

决定执行力的因素是多方面的。所以，提高执行力的工作也是需要各级组织与团队、个人多方面努力的综合性工程。此书不仅仅是管理者用来向员工宣导执行力的工具，更是包括决策者、管理者在内的所有人提高自身执行力修养的枕边书。

理念一致、目标一致、行动一致、标准一致的团队是有福的。高效的执行力伴随着充盈的实现感、充实感、满足感、幸福感。这些感觉会造就未来更加高效的团队。这种良性的循环是组织所有成员都希望拥有的。

那么，安心下来，再看一遍吧。

祝您豁然、释然、安然……

刘峰松

于南京